처음 배우는
코바늘
손뜨개

세상에서 가장 쉬운 코바늘 기본서!

처음 배우는
코바늘 손뜨개

부티크사 편 | 김수연 옮김

CYPRESS
싸이프레스
Creative and joyful PRESS

CONTENTS

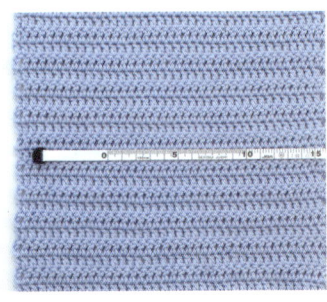

3 이제 코바늘뜨기를 시작해볼까요?

4 마무리는 이렇게 하세요!

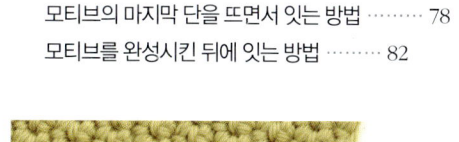

5 다양한 뜨개 기법을 소개합니다!

1

코바늘뜨기 준비물을 소개합니다!

코바늘과 도구 | 실에 대해서

Basic 01

코바늘과 도구

코바늘뜨기를 시작하기 전에 도구를 준비합니다.
코바늘뿐만 아니라 그 외에도 갖추어야 할 도구들이 몇 가지 더 있습니다.
각각의 용도를 확인한 후에 필요에 따라 준비하도록 하세요.

코바늘의 종류

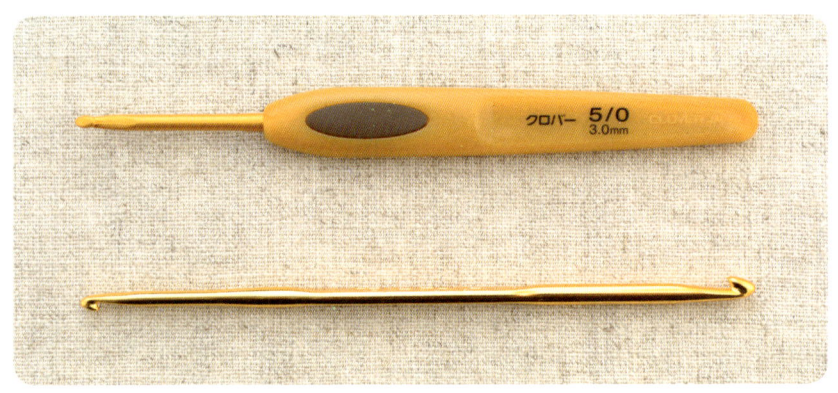

코바늘은 끝부분이 갈고리 모양으로 구부러져 있는 바늘입니다. 한쪽만 갈고리 모양으로 되어 있는 타입(사진 위)과 양쪽이 갈고리 모양으로 되어 있는 타입(사진 아래)이 있습니다. 코바늘은 대개 경금속이나 플라스틱, 대나무 등의 재질로 되어 있습니다. 사용하기 편한 것으로 선택하세요.

코바늘의 굵기

코바늘의 굵기는 호수로 나타내며 2/0호부터 10/0호까지 있습니다(숫자가 커질수록 굵어집니다.). 실의 굵기에 맞춰서 코바늘의 굵기를 선택하세요.

※10/0호보다 굵은 코바늘은 '점보 코바늘'이라고 하며, 아래에 나와 있듯이 호수가 아닌 mm로 표시합니다.

호수	바늘축의 굵기 (mm)	코바늘(실물 크기)	호수	바늘축의 굵기 (mm)	코바늘 (12mm까지는 실물 크기)
2/0	2.0		점보 7mm	7.0	
3/0	2.3				
4/0	2.5		점보 8mm	8.0	
5/0	3.0		점보 10mm	10.0	
6/0	3.5				
7/0	4.0		점보 12mm	12.0	
7.5/0	4.5				
8/0	5.0		점보 15mm	15.0	
9/0	5.5				
10/0	6.0		점보 20mm	20.0	

바늘축의 굵기 = 이 부분의 굵기를 나타내고 있습니다.

편리한 도구

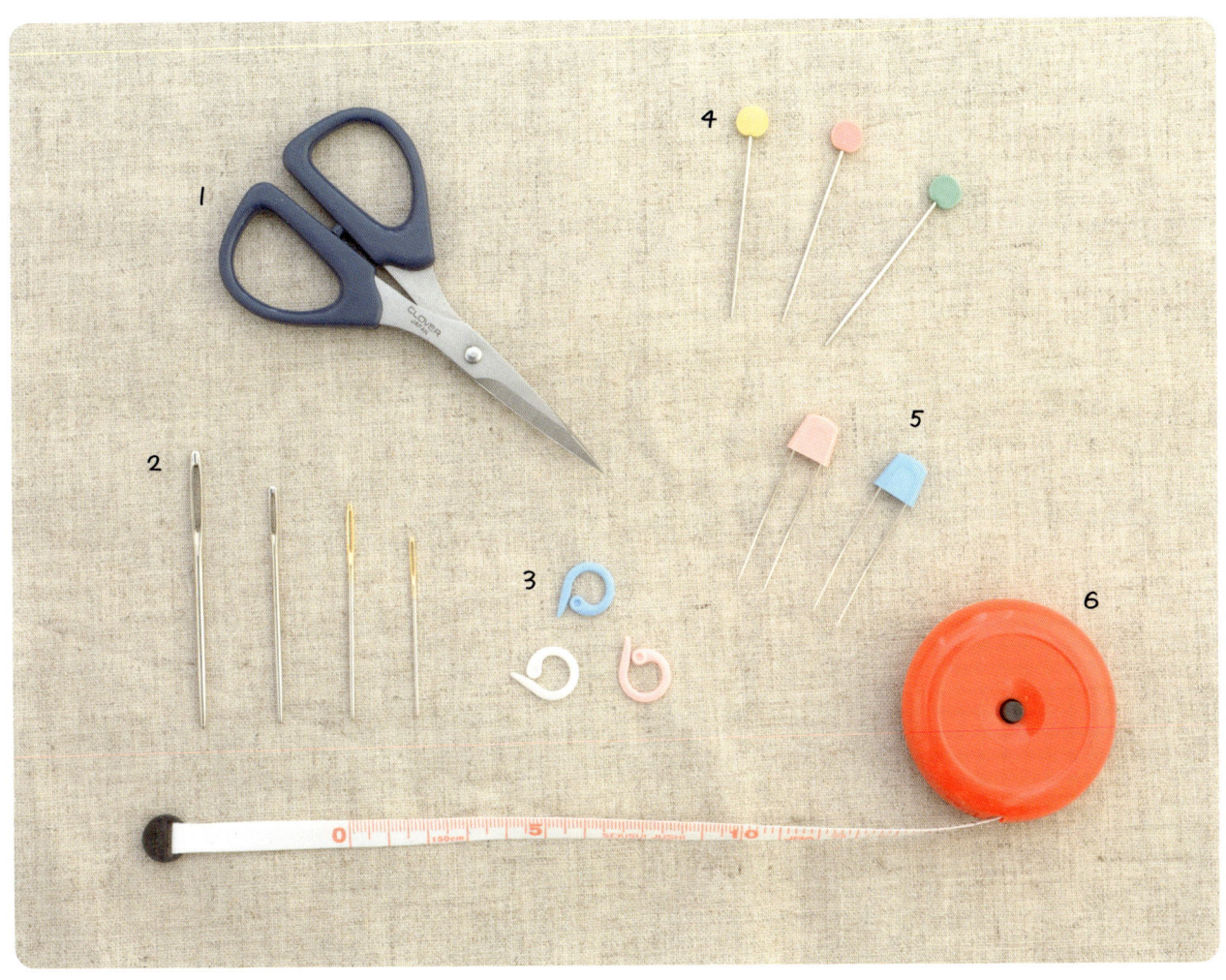

1 가위
뜨개실 등을 자를 때 사용합니다.

2 돗바늘
털실용 바늘로 바늘 끝이 둥글고 바늘귀가 크게 처리되어 있습니다. 주로 편물을 잇거나 꿰맬 때, 실 정리를 할 때 사용합니다. 다양한 굵기가 있으니 실의 굵기에 맞춰 선택하세요.

3 단수 표시링
10단마다 또는 원하는 단수마다 뜨개코에 걸어 두면 단수를 여러 번 다시 셀 필요가 없어 편리합니다.

4 손뜨개 시침핀
길고 바늘 끝이 둥글게 처리된 뜨개질 전용 시침핀입니다. 주머니나 소매를 달 때 사용합니다.

5 포크핀
편물을 다리미판에 고정시킬 때 사용합니다. 아랫부분이 구부러져 있어 다림질할 때 걸리지 않아 편리합니다.

6 줄자
편물의 치수나 게이지 등을 잴 때 사용합니다.

Basic 02

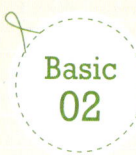

실에 대해서

뜨개질에 쓰이는 실은 소재와 형태, 굵기가 다양합니다.
따라서 실을 바꿔서 뜨게 되면 같은 작품이라도 완성했을 때의 느낌이 많이 달라집니다.

실타래의 종류

실은 다양한 형태로 감겨져서 판매되고 있습니다. 대표적인 실타래의 종류를 소개합니다.

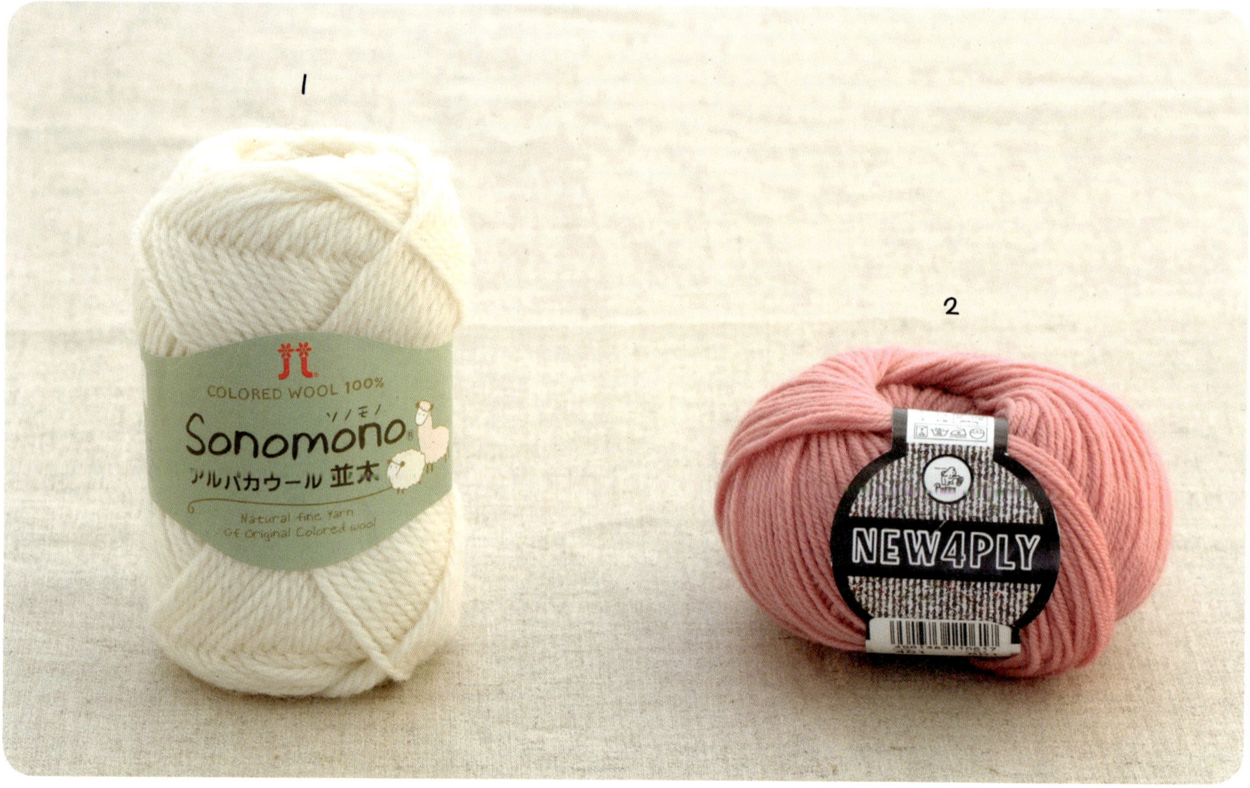

1 일반적인 실타래
가장 일반적인 형태입니다. 안쪽에서 실 끝을 끌어내서 사용합니다.

2 도넛 모양의 실타래
부드러운 실에 많은 형태입니다.
라벨을 벗겨낸 뒤에 사용합니다.

실에 붙어 있는 라벨 보는 법

실에 붙어 있는 라벨에는 다양한 정보가 적혀 있습니다.
라벨 보는 법을 알아두고 실을 선택할 때 참고하세요. 또한 라벨을 보관해두면 추가로 구입할 때 편리합니다.

이 실에 가장 적당한
바늘의 호수입니다.

실이 어떤 소재로 되어 있
는지를 나타냅니다. 소재에
따라 여름용 실과 겨울용
실로 나눕니다.

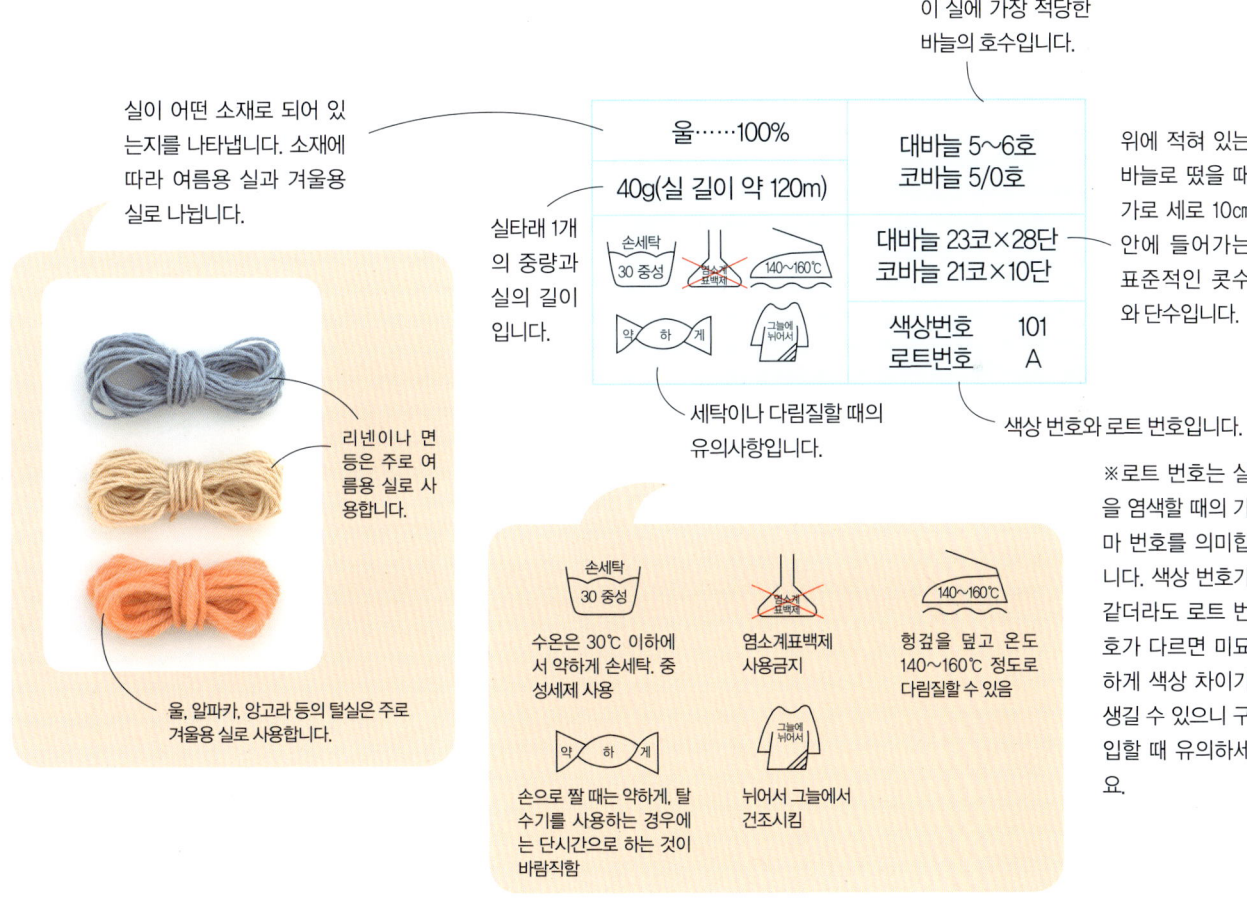

울……100%	대바늘 5～6호 코바늘 5/0호
40g(실 길이 약 120m)	
손세탁 30 중성 140～160℃ 약 하 게 그늘에 뉘어서	대바늘 23코×28단 코바늘 21코×10단
	색상번호 101 로트번호 A

실타래 1개
의 중량과
실의 길이
입니다.

위에 적혀 있는
바늘로 떴을 때
가로 세로 10㎝
안에 들어가는
표준적인 콧수
와 단수입니다.

리넨이나 면
등은 주로 여
름용 실로 사
용합니다.

세탁이나 다림질할 때의
유의사항입니다.

색상 번호와 로트 번호입니다.

울, 알파카, 앙고라 등의 털실은 주로
겨울용 실로 사용합니다.

손세탁 30 중성

수온은 30℃ 이하에
서 약하게 손세탁. 중
성세제 사용

염소계표백제
사용금지

140～160℃

헝겊을 덮고 온도
140～160℃ 정도로
다림질할 수 있음

약 하 게

손으로 짤 때는 약하게, 탈
수기를 사용하는 경우에
는 단시간으로 하는 것이
바람직함

그늘에 뉘어서

뉘어서 그늘에서
건조시킴

※로트 번호는 실
을 염색할 때의 가
마 번호를 의미합
니다. 색상 번호가
같더라도 로트 번
호가 다르면 미묘
하게 색상 차이가
생길 수 있으니 구
입할 때 유의하세
요.

실의 굵기

실은 굵기가 다양합니다. 실이 가늘수록 코가 촘촘하고 얇은 편물이 되며,
굵을수록 코가 성글고 두꺼운 편물이 됩니다.

※여기서 소개한 것은 대략적인 실의 굵기이지만 실제로 이렇게 표기되어 있는 실은 많지 않습니다. 또한 제조사에 따라서도
굵기가 미묘하게 다른 경우가 있으니 실을 선택할 때는 라벨에 표기되어 있는 적정바늘의 굵기를 기준으로 하세요.

중세사

합태사

병태사

극태사

초극태사

※사진에 나와 있는 실은 실물 크기에 가깝습니다.

실의 형태

같은 소재라도 실을 꼬는 방법이 바뀌면 촉감이 달라집니다.

스트레이트 얀
(Straight Yarn)
실을 꼬는 방법과 굵기가 일
정해서 뜨개코가 고르고 깔
끔하게 완성됩니다. 굵기와
색상이 풍부하며, 촘촘한 무
늬뜨기나 배색뜨기 등에도
적합합니다.

슬러브 얀(Slub Yarn)
실의 굵기가 달라서 작품을
떴을 때 뜨개코의 크기에 차
이가 나기 때문에 변화 있는
편물이 됩니다.

퍼 얀(Fur Yarn)
털 길이가 길고 모피 같은 편
물이 됩니다.

모헤어 얀
(Mohair Yarn)
털 길이가 길고 폭신
폭신한 편물이 됩니
다.

루프 얀(Loop Yarn)
실의 표면에 불규칙
한 고리가 있는 실로,
뜨개코의 형태가 확
실하지 않으며 옷감
같은 편물이 됩니다.

실 사용법

뜨기 시작할 때 바깥쪽에 있는 실 끝부터 사용하면 실을 잡아당길 때마다 실타래가 빙글빙글 돌아서 뜨기 힘들어집니다.
따라서 안쪽에서 실 끝을 꺼내서 사용하는 것이 일반적입니다.

일반적인 실타래의 경우

1 실타래 속에 손가락을 넣습니다.

2 실타래 속에 있는 실 끝을 잡고 밖으로 꺼냅니다. 실 끝을 찾기 어려울 때는 사진과 같이 실 뭉치를 밖으로 꺼냅니다.

3 꺼낸 실 뭉치에서 실 끝을 찾아 그 부분부터 사용합니다.

도넛 모양 실타래의 경우

1 먼저 라벨을 벗겨냅니다.

2 실타래 속에 손가락을 넣습니다.

3 실 끝을 잡고 밖으로 꺼냅니다.

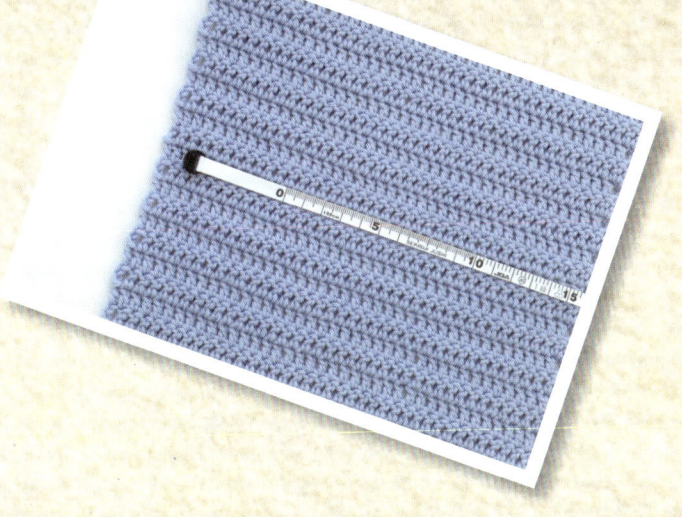

2

시작 전
이것만은 꼭 알아두세요!

Basic 01

코바늘뜨기에 대해서

기본적인 편물을 사용하여 각 부분의 명칭과 뜨개코에 대해 자세히 소개합니다.
작품집 등에서 자주 등장하는 용어도 있으니 확실하게 알아두세요.

각 부분의 명칭

※사진은 한길긴뜨기의 경우를 예로 들어 설명하고 있습니다.

머리의 사슬
뜨개코 위에 있는 사슬 모양 부분입니다.

뒤쪽의 1가닥
앞쪽의 1가닥

뜨개코

다리
뜨개코 머리의 사슬 아래 부분입니다.

편물
뜨개코가 모여서 면으로 된 상태를 말합니다.

기둥코
각 단의 처음에 뜨는 사슬 뜨기입니다(P.22 참고).

시작코
뜨기 시작할 때 코를 만든 부분입니다(사진은 사슬뜨기 시작코).
작품에 따라 시작코를 만드는 방법이 다양합니다(P.25 참고).

1코 · 1단이란

코와 단을 정확하게 세기 위해서도 뜨개코의 상태를 확실하게 알아두세요.

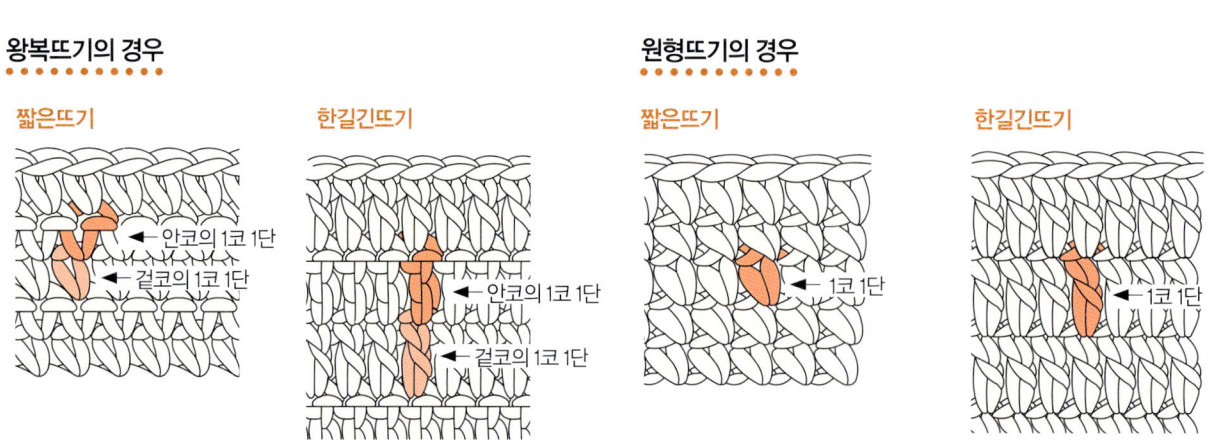

왕복뜨기의 경우

짧은뜨기
한길긴뜨기

← 안코의 1코 1단
← 겉코의 1코 1단

← 안코의 1코 1단
← 겉코의 1코 1단

원형뜨기의 경우

짧은뜨기
한길긴뜨기

← 1코 1단
← 1코 1단

코와 단 세는 법

왕복뜨기의 경우

짧은뜨기

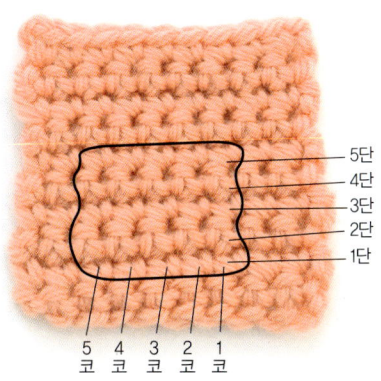

5단
4단
3단
2단
1단

5 4 3 2 1
코 코 코 코 코

한길긴뜨기

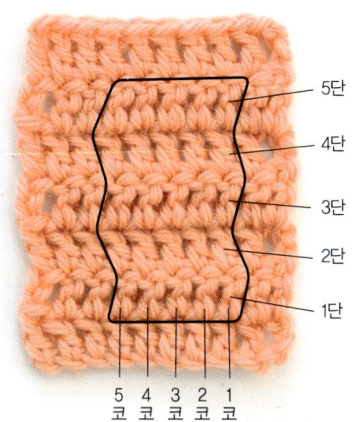

5단
4단
3단
2단
1단

5 4 3 2 1
코 코 코 코 코

원형뜨기의 경우

짧은뜨기

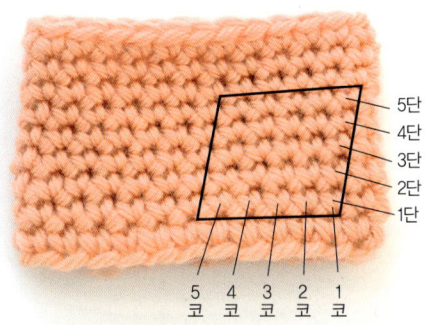

5단
4단
3단
2단
1단

5 4 3 2 1
코 코 코 코 코

한길긴뜨기

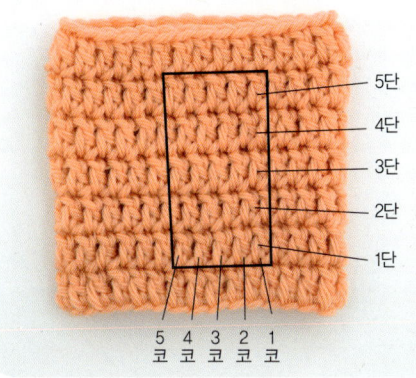

5단
4단
3단
2단
1단

5 4 3 2 1
코 코 코 코 코

게이지에 대해서

게이지(Gauge)란 일정한 면적 안에 들어가는 뜨개코의 평균밀도로, 일반적으로 가로 세로 10cm 안에 들어가는 콧수와 단수를 나타냅니다.

게이지는 뜨는 사람의 손놀림에 따라 바뀌기 때문에 지정된 실과 코바늘로 떠도 같은 치수가 되지는 않습니다.

지정 치수대로 완성하고 싶은 경우에는 반드시 미리 떠보고 게이지를 잡은 다음 바늘의 굵기를 조절해서 지정 게이지에 맞추도록 합니다. 지정 게이지보다 콧수·단수가 많을(코가 팽팽할) 경우에는 굵은 바늘로, 콧수·단수가 적을(코가 느슨할) 경우에는 가는 바늘로 바꿔서 뜨는 것이 좋습니다.

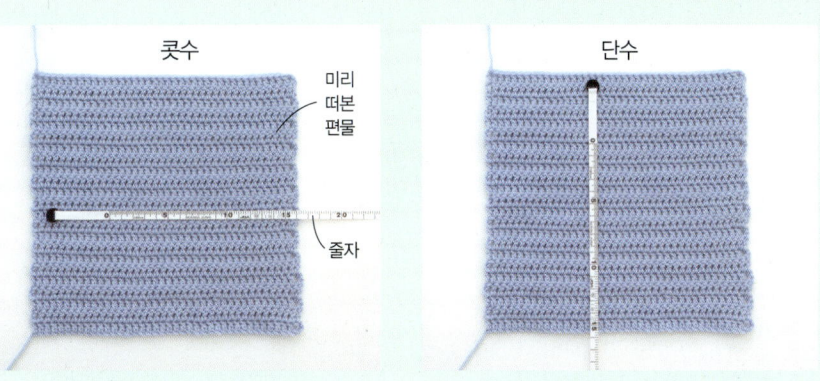

콧수

미리 떠본 편물

줄자

단수

미리 떠본 편물에 줄자(또는 자)를 가로로 대고 10cm의 콧수를 셉니다.

줄자(또는 자)를 세로로 대고 10cm의 단수를 셉니다.

※편물의 가장자리에 가까운 부분은 코의 크기가 고르지 않기 때문에, 미리 떠볼 때는 가로 세로 20cm 정도 되는 크기로 떠서 중앙의 10cm를 재도록 합니다.

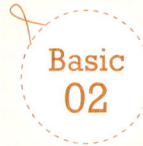

뜨개도안 보는 법

일반적으로 뜨개질 관련서적에서는 작품 뜨는 방법을 뜨개도안으로 설명합니다.
도안 보는 법을 잘 알아두도록 하세요.

뜨개도안

편물을 뜨개기호로 나타낸 것을 '뜨개
도안'이라고 합니다. 뜨개도안은 항상
겉쪽에서 본 상태로 표시되어 있습니
다.

※자주 사용되는 뜨개기호와 뜨는 방법은 5장에서
소개합니다.

기둥코입니다.

떠 나가는 방향을 나타내는
화살표입니다. 화살표가 왼쪽
방향(←)인 단은 편물의 겉쪽
을 보면서 뜹니다. 화살표가
오른쪽 방향(→)인 단은 편물
의 안쪽을 보면서 뜹니다.

5

1

세로방향이 단입니다. 단수는
아래에서부터 셉니다.

뜨기 시작하는 부분
입니다. 사슬뜨기 시
작코를 만듭니다.

가로방향이 코입니다.

편물의 겉과 안

뜨개도안은 겉쪽에서 본 상태로 표시되지만, 코바늘뜨기의 경우에는 기호를 뜨는 방법이 겉과 안 모두 똑같습니다(단, 걸어뜨기와 판콘뜨기는 겉과 안에서 뜨
는 방법이 바뀝니다). 그렇기 때문에 겉면과 안면을 1단마다 번갈아 보면서 뜨는 왕복뜨기와 항상 겉면을 보면서 뜨는 원형뜨기는 편물의 모양이 바뀝니다.

왕복뜨기	원형뜨기

겉면

안면

모든
단,
겉

모든
단,
안

겉
안
겉
안
겉

왕복뜨기의 경우에는 겉과 안을 번갈아 보면서
뜨기 때문에 1단마다 뜨개코의 겉과 안이 번갈아
늘어서 있습니다.

원형뜨기의 경우에는 항상 겉면을 보면서 뜨기 때문에 뜨개코의 겉(또는 안)만 늘어서 있습니다.

코바늘뜨기의 기본

코바늘뜨기에서 기본 방법을 소개합니다.

짧은뜨기

짧은뜨기를 연속해서 뜨면 코가 꽉 차있어서 두껍고 딱딱한 편물이 됩니다.

뜨개도안

한길긴뜨기

한길긴뜨기는 높이가 있기 때문에 빠르게 완성할 수 있습니다. 짧은뜨기에 비해 얇고 부드러운 편물이 됩니다.

뜨개도안

모눈뜨기

사슬뜨기나 한길긴뜨기 등으로 만드는 모눈 모양을 '모눈뜨기'라고 합니다. 사슬뜨기의 콧수를 바꾸거나 모눈 하나에 사슬뜨기 대신 한길긴뜨기를 떠 넣으면 다양한 느낌을 연출할 수 있습니다.

뜨개도안

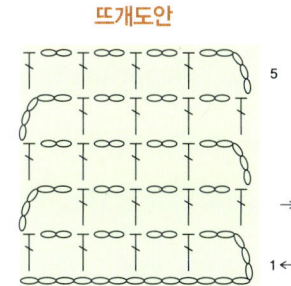

그물뜨기

그물코와 같은 모양을 '그물뜨기'라고 하며, 사슬뜨기와 짧은뜨기를 반복해가면서 손쉽게 뜰 수 있습니다. 사방으로 자유자재로 늘어나기 때문에 변형하기 쉽다는 특징이 있습니다.

뜨개도안

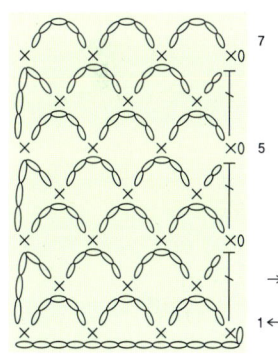

뜨개도안

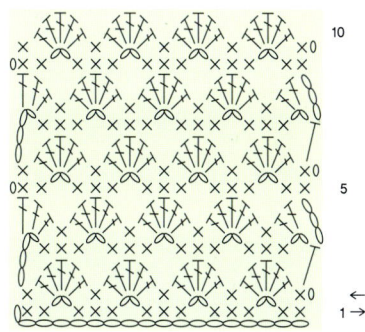

솔잎뜨기

뜨개코를 한 곳에 여러 개 떠 넣었을 때 생기는 모양이 솔잎 모양과 닮았다고 해서 '솔잎뜨기'라고 합니다.

왕복뜨기와 원형뜨기

Basic 04

편물의 겉면과 안면을 1단씩 번갈아 보면서 뜨는 것을 '왕복뜨기',
편물의 한쪽 면만을 보면서 뜨는 것을 '원형뜨기'라고 합니다.

왕복뜨기

편물을 1단마다 뒤집어가며 겉면과 안면
을 번갈아 보면서 뜹니다.
뜨개도안의 뜨개 방향을 나타내는 화살
표가 단마다 반대 방향을 향합니다.

뜨개도안

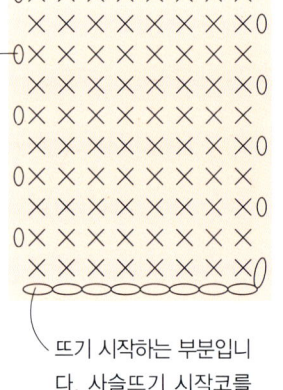

기둥코

단을 시작할 때마다 기
둥코를 뜹니다. 왕복뜨
기의 경우에는 기둥코
가 1단씩 번갈아 오른
쪽 끝과 왼쪽 끝으로
옵니다.

뜨기 시작하는 부분입니
다. 사슬뜨기 시작코를
만듭니다.

뜨개 방향을 나타내는 화
살표입니다. 왕복뜨기의
경우에는 단마다 반대 방
향을 향합니다.
← = 겉쪽을 보며 뜨는 단
→ = 안쪽을 보며 뜨는 단

아래쪽에서 위
쪽으로 떠 나갑
니다.

기호를 뜨는 순서

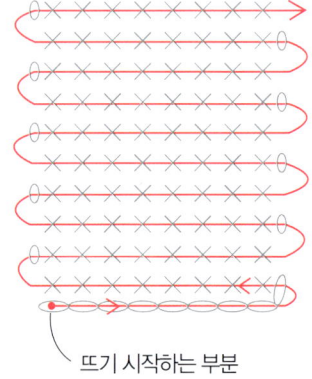

뜨기 시작하는 부분

원형뜨기

편물을 뒤집지 않고 매단 같은 방향에서 뜹니다.
뜨개도안의 뜨개 방향을 나타내는 화살표가 단마다 같은 방향을 향합니다.

원형으로 뜨는 경우

중심에서 바깥 쪽을 향해 떠 나 갑니다.

매단의 마지막에는 그 단의 맨 처음 코에 빼뜨기로 연결하고 계속해서 다음 단의 기둥코를 뜹니다.

뜨개도안

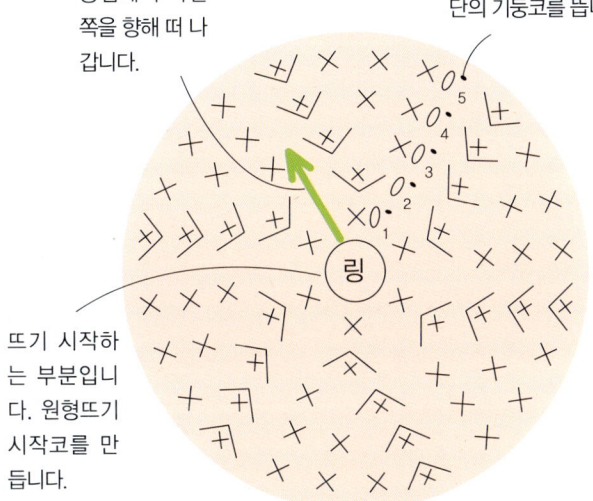

뜨기 시작하는 부분입니다. 원형뜨기 시작코를 만듭니다.

※원형으로 뜨는 경우 뜨개 방향을 나타내는 화살표는 표기되어 있지 않은 경우가 많습니다. 특별히 지정이 없는 경우에는 매단 겉쪽을 보면서 뜹니다.

기호를 뜨는 순서

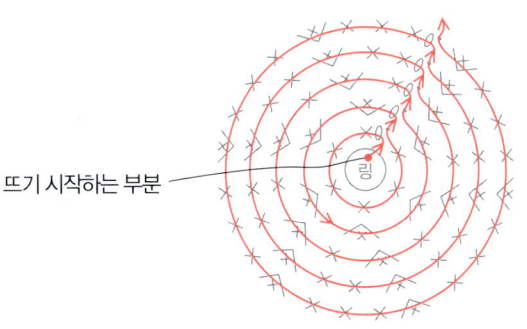

뜨기 시작하는 부분

원통형으로 뜨는 경우

매단의 마지막에는 그 단의 맨 처음 코에 빼뜨기로 연결하고 계속해서 다음 단의 기둥코를 뜹니다.

뜨개 방향을 나타 내는 화살표입니다. 원형뜨기의 경우에 는 단마다 같은 방 향을 향합니다.

뜨개도안

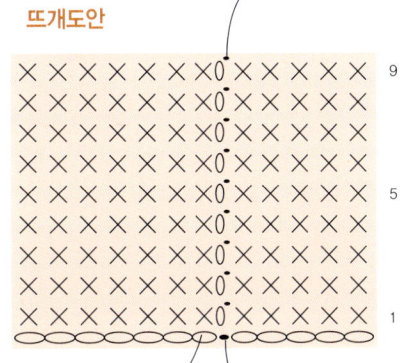

아래쪽에서 위쪽으로 떠 나 갑니다.

뜨기 시작하는 부 분입니다. 사슬뜨 기 시작코를 만듭 니다.

필요콧수만큼 시작코 를 만든 다음 맨 처음 코에 빼뜨기로 연결해 서 원통형을 만듭니다.

기호를 뜨는 순서

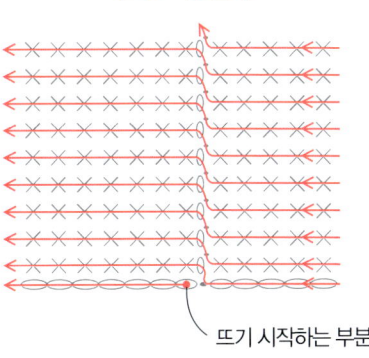

뜨기 시작하는 부분

기둥코에 대해서

단의 맨 처음에 그 단의 뜨개코의 높이와 같은 치수로 뜨는 사슬뜨기코를 '기둥코'라고 합니다.
어떤 코를 뜨느냐에 따라 기둥코의 콧수도 바뀝니다.

기둥코

받침코

받침코란

짧은뜨기 이외에는 기둥코도 1코로 셉니다. 시작
코의 사슬 1코에 1코씩 코를 떠 넣어가기 때문에
기둥코에도 1코 시작코가 필요해지는데, 이 1코
를 '받침코'라고 합니다.

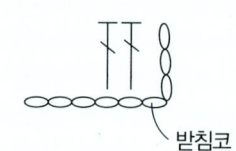

받침코

각 뜨개코의 기둥을 만들 때 필요한 사슬뜨기의 콧수

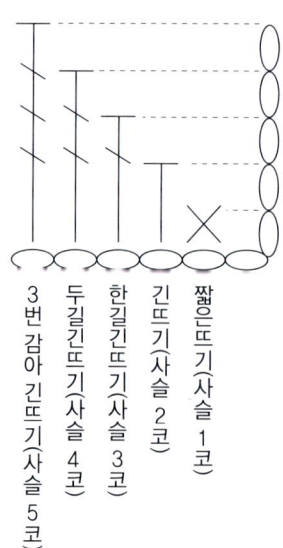

3번 감아 긴뜨기(사슬 5코)
두길긴뜨기(사슬 4코)
한길긴뜨기(사슬 3코)
긴뜨기(사슬 2코)
짧은뜨기(사슬 1코)

※기본적으로 기둥코는 단의
맨 처음 1코로 셉니다(단, 짧은
뜨기의 기둥코는 1코로 세지
않기 때문에 받침코에도 짧은
뜨기를 떠 넣습니다.).

짧은뜨기

1코

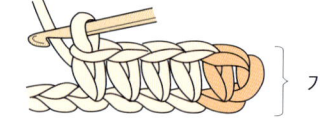
기둥 1코

긴뜨기

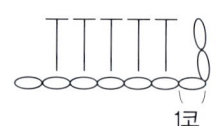
1코

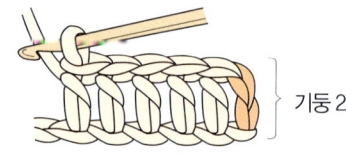
기둥 2코

한길긴뜨기

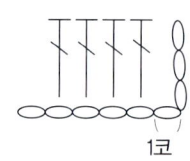
1코

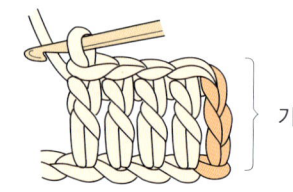
기둥 3코

두길긴뜨기

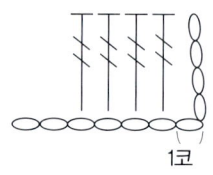
1코

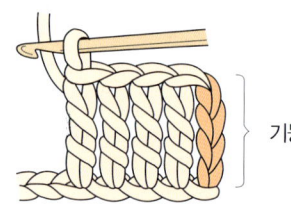
기둥 4코

이제 코바늘뜨기를
시작해볼까요?

Basic 01

실 거는 법과 코바늘 잡는 법

먼저 올바른 실 거는 법과 코바늘 잡는 법부터 알아둡니다.

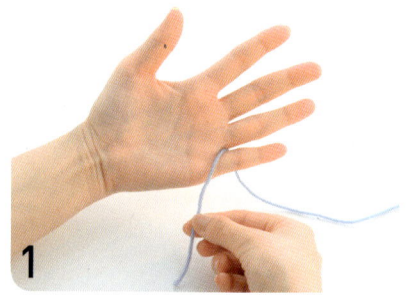

1

오른손으로 실 끝을 잡고 왼손 손등 쪽에서 약지와 새끼손가락 사이로 실을 끼웁니다.

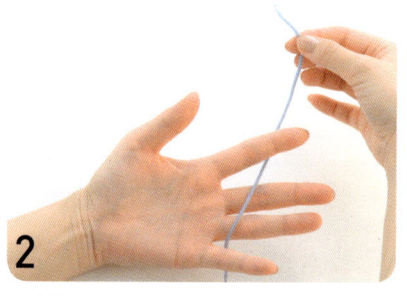

2

중지와 검지 사이에서 손등 쪽으로 실을 보냅니다.

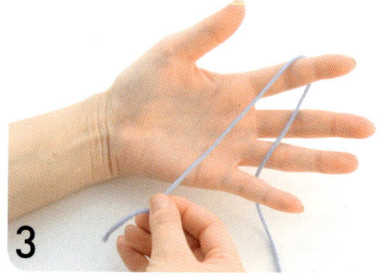

3

검지에 실을 걸고 실 끝을 손바닥 쪽으로 보냅니다.

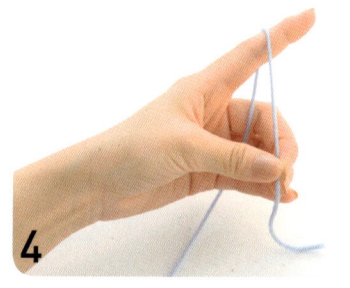

4

검지를 세운 채로 엄지와 중지로 실 끝을 잡습니다.

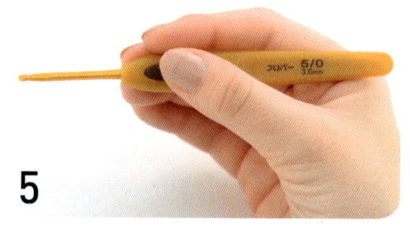

5

오른손으로 코바늘을 잡습니다. 엄지와 검지로 바늘 끝에서 4cm 정도 떨어진 부분을 잡고 중지를 코바늘 위에 가볍게 얹습니다. 코바늘에 걸린 실이 미끄러질 때는 얹어둔 중지로 살짝 눌러줍니다.

6

왼손으로 편물을 잡고 왼손 엄지와 검지 사이를 건너가는 실에 코바늘을 대고 오른손으로 떠 나갑니다. 실이 부드럽게 움직일 수 있도록 지나가는 실을 왼손으로 너무 누르지 않도록 주의합니다.

시작코와 첫째 단 뜨는 방법

Basic
02

뜨기 시작할 때는 '시작코'를 만듭니다.
시작코에는 주로 '사슬뜨기 시작코', '사슬뜨기로 원형코 만들기', '원형뜨기 시작코'가 있습니다.

사슬뜨기 시작코

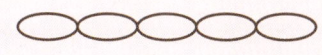

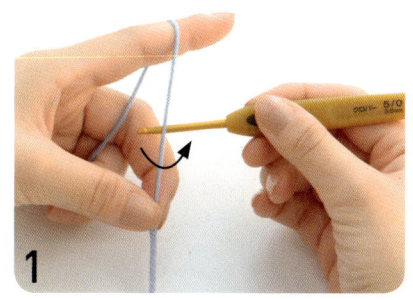

실의 뒤쪽에 바늘을 대고 화살표 방향으로 바늘 끝을 돌려서 고리를 만듭니다.

바늘에 실이 감겨서 고리가 생겼습니다.

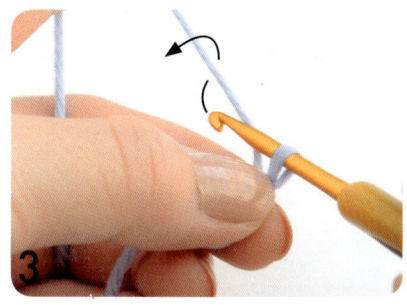

고리의 교차점을 왼손 엄지와 중지로 누르고 바늘을 움직여 화살표 방향으로 실을 겁니다.

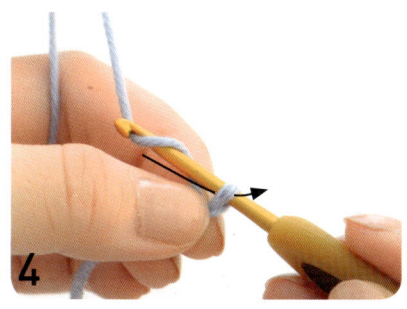

바늘에 건 실을 화살표 방향으로 끌어냅니다.

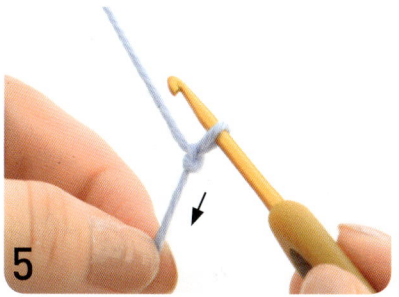

실 끝을 화살표 방향으로 잡아당겨서 시작부분의 고리를 조입니다.

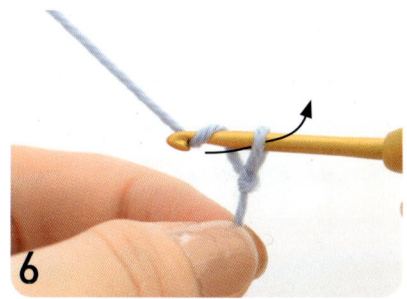

바늘에 실을 걸어 화살표 방향으로 빼냅니다.

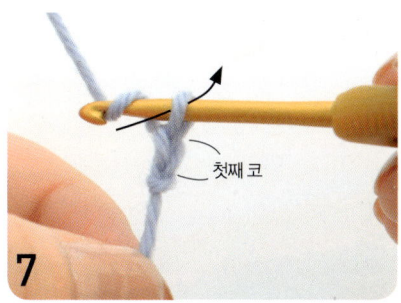

첫째 코를 떴습니다. 계속해서 바늘에 실을 걸고 화살표 방향으로 빼내어 둘째 코를 뜹니다.

사슬뜨기를 5코 뜬 모습입니다. 같은 요령으로 필요한 콧수만큼 사슬뜨기를 뜹니다. 바늘에 걸려 있는 고리는 1코로 세지 않습니다.

첫째 단 뜨는 방법

왕복뜨기의 경우

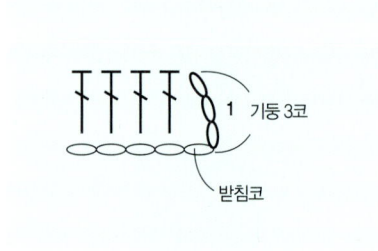
기둥 3코
받침코

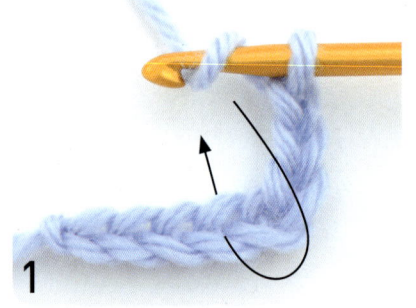

1 사슬뜨기 시작코를 만든 다음 계속해서 기둥 3코를 뜹니다. 바늘에 실을 걸고 화살표처럼 바늘을 넣어 한길긴뜨기를 1코 뜹니다.

2 같은 요령으로 반복해서 시작코의 사슬에 한 길긴뜨기를 떠 넣습니다.

✏️ 사슬뜨기 시작코에서 줍는 위치

사슬뜨기 시작코에서 코를 주워서 첫째 단을 뜰 때는 세 가지 방법이 있습니다. 줍는 방법에 따라 완성작품에 변화가 생기므로 각각의 특징을 살린 방법을 이용해서 뜨도록 하세요.

사슬뜨기의 뒤쪽 실과 안쪽 실(뒷산)을 줍는 방법	사슬뜨기의 뒤쪽 실을 1가닥 줍는 방법	사슬뜨기의 안쪽 실(뒷산)을 줍는 방법
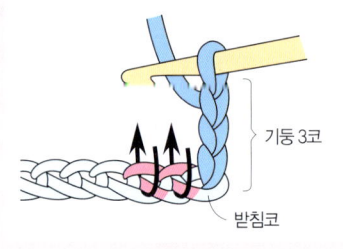 기둥 3코 받침코	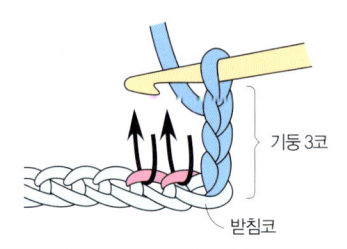 기둥 3코 받침코	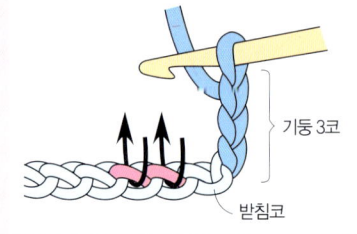 기둥 3코 받침코

2가닥의 실을 줍기 때문에 시작코 위치가 두툼해지지만 안정됩니다. 1코의 사슬코에 2코 이상의 코를 떠 넣을 때나 시작코를 걸러뜨면서 줍는 편물에 적합합니다.	주울 실을 알기 쉽고, 시작코 위치가 얇게 완성됩니다. 신축성을 주고 싶은 편물에 적합합니다.	시작코의 사슬코가 늘어서 있고, 편물의 가장자리가 깔끔하게 완성됩니다. 가장자리뜨기를 하지 않고 완성할 작품에 적합합니다.

원형뜨기(원통형으로 뜰 때)의 경우

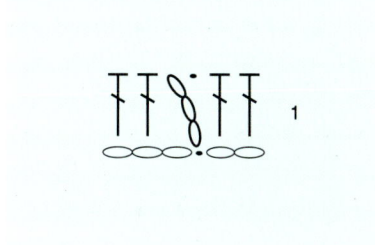

※시작코의 사슬을 원형으로 해둡니다.

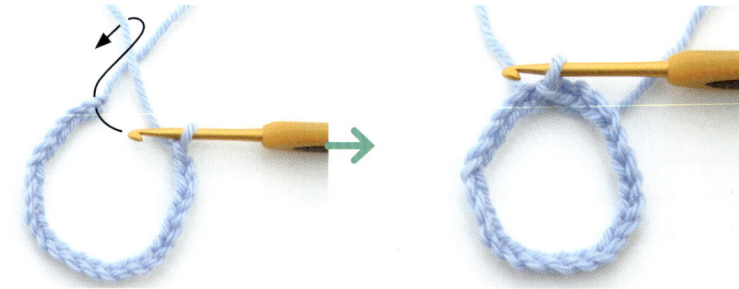

시작코의 사슬을 필요 콧수만큼 뜹니다. 코가 비뚤어지지 않게 한 상태에서 첫째 코 사슬의 뒤쪽 실과 뒷산을 줍듯이 바늘을 넣고 실을 걸어 빼냅니다.

시작코가 고리 상태가 되었습니다.

1

기둥 3코를 뜹니다.

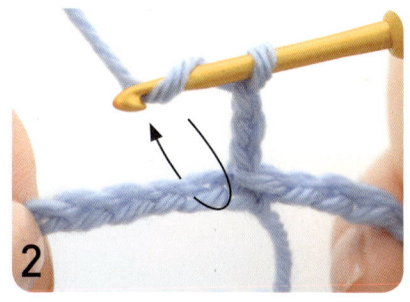

2

바늘에 실을 걸고 화살표 방향으로 바늘을 넣어 한길긴뜨기를 1코 뜹니다(사슬뜨기의 뒤쪽 실과 뒷산을 줍는 방법).

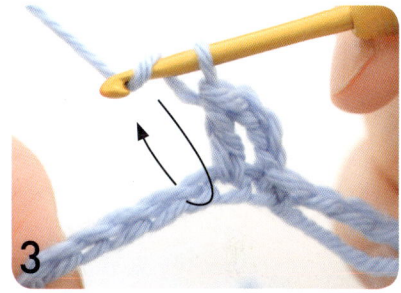

3

한길긴뜨기를 1코 떴습니다. 같은 요령으로 바늘에 실을 걸고 시작코의 사슬에서 코를 주워 한길긴뜨기를 떠 나갑니다.

4

마지막 한길긴뜨기까지 모두 뜬 모습입니다. 기둥 셋째 코에 화살표처럼 바늘을 넣습니다

5

바늘에 실을 걸어 빼냅니다.

6

첫째 단을 떴습니다.

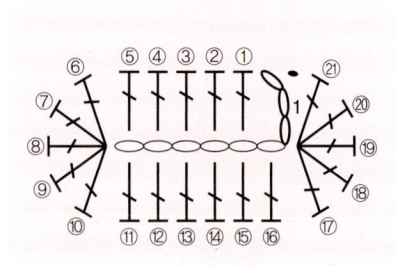

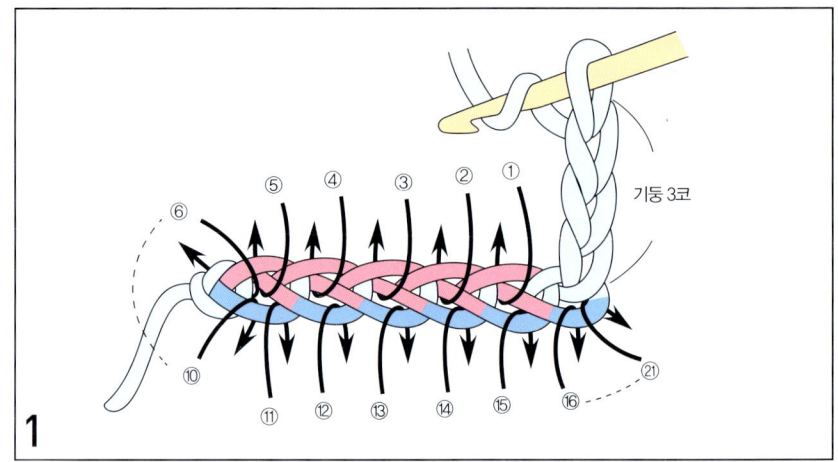

1 시작코의 사슬을 필요 콧수만큼 뜬 다음 기둥 3코를 뜹니다. 바늘에 실을 걸고 시작코에 한길긴 뜨기를 떠 넣습니다(사슬뜨기의 뒤쪽 실과 뒷산을 줍는 방법).

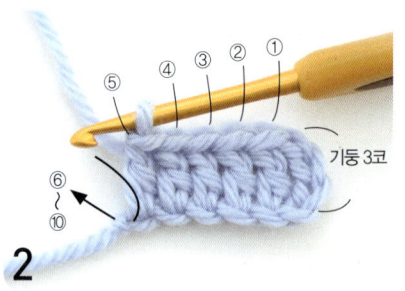

2 시작코이 끝까지 떴습니다. 같은 코에 다시 한길긴뜨기를 5코 떠 넣어(⑥~⑩) 옆쪽의 반원을 만듭니다. 떠 나가는 도중에 편물의 위 아래가 반대 방향이 됩니다.

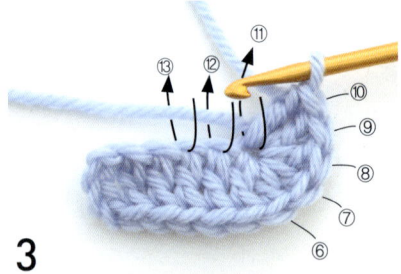

3 시작코의 남은 1가닥을 떠가면서 반대쪽에도 한길긴뜨기를 떠 넣습니다. 이때 시작부분의 실 끝도 함께 감싸면서 뜨면 실 정리가 편해 집니다.

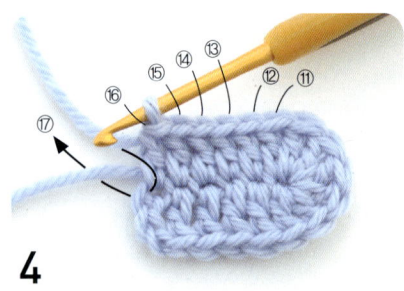

4 시작코의 끝까지 떴습니다. 같은 코에 다시 한길긴뜨기를 5코 떠 넣어(⑰~㉑) 남은 옆쪽 의 반원을 만듭니다.

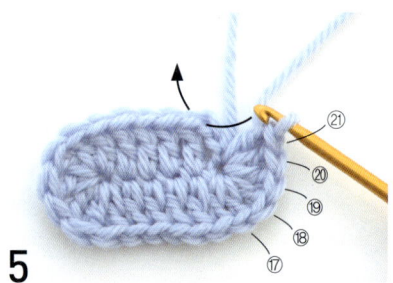

5 한길긴뜨기를 콧수만큼 뜨고 나면 기둥 셋째 코에 바늘을 넣어 빼뜨기를 합니다.

6 첫째 단을 떴습니다. 시작부분의 실 끝은 편 물 가까이에서 자릅니다.

사슬뜨기로 원형코 만들기

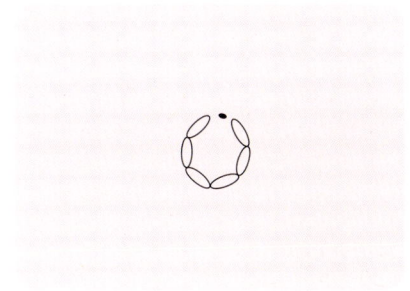

1 사슬뜨기를 6코 뜬 다음 첫째 코의 사슬 뒤쪽의 실과 뒷산을 줍듯이 바늘을 넣습니다.

2 사슬뜨기를 6코 뜬 다음 첫째 코의 사슬 뒤쪽의 실과 뒷산을 줍듯이 바늘을 넣습니다.

3 원형코가 만들어졌습니다.

첫째 단 뜨는 방법

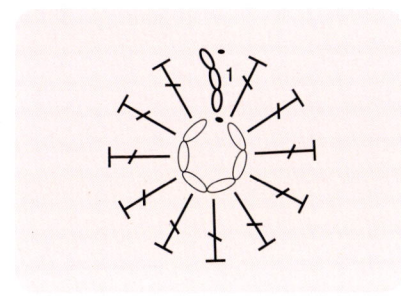

1 기둥 3코를 뜹니다. 바늘에 실을 걸고 시작코의 고리 속에 바늘을 넣어 한길긴뜨기를 뜹니다. 이때 시작부분의 실 끝도 함께 감싸면서 뜨면 실 정리가 편해집니다.

기둥 3코

2 한길긴뜨기를 1코 떴습니다. 바늘에 실을 걸고 같은 요령으로 바늘을 넣어 한길긴뜨기를 10코 더 떠 넣습니다.

3 한길긴뜨기를 필요 콧수만큼 떴습니다. 기둥 셋째 코에 바늘을 넣고 실을 걸어 빼냅니다.

4 첫째 단을 떴습니다. 시작부분의 실 끝은 편물 가까이에서 자릅니다.

원형뜨기 시작코

1

실 끝을 약 10cm 남기고 왼손 검지에 실을 2번 감습니다.

2

손가락을 빼내고 실의 고리를 누른 상태에서 화살표처럼 바늘을 넣습니다.

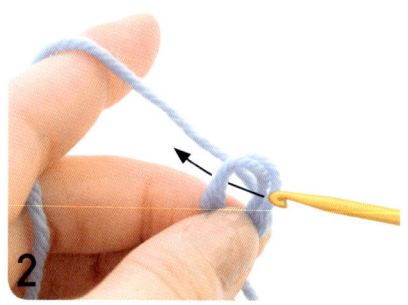

실끝쪽

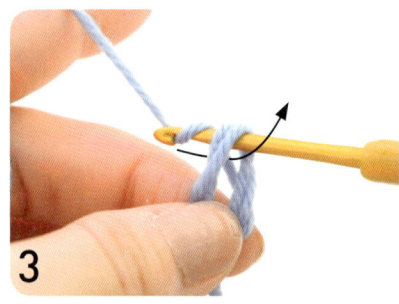

3

바늘에 실을 걸은 다음 화살표 방향으로 끌어냅니다.

4

바늘에 실을 걸어 화살표 방향으로 빼냅니다.

5

원형뜨기 시작코를 만들었습니다.

첫째 단 뜨는 방법

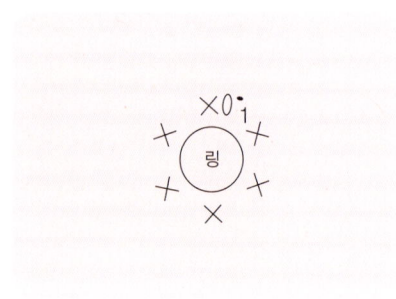

1

기둥 1코를 뜬 다음 화살표처럼 실의 고리 속에 실을 넣습니다.

기둥 1코

2

바늘에 실을 걸은 다음 화살표 방향으로 끌어냅니다.

3

바늘에 실을 걸고 화살표 방향으로 빼내어 짧은뜨기를 뜹니다.

4

짧은뜨기를 1코 떴습니다. 같은 요령으로 고리 속에 짧은뜨기를 5코 더 떠 넣습니다.

5

짧은뜨기를 필요 콧수만큼 떠 넣었습니다.

6

실 끝을 가볍게 잡아당긴 다음 시작코의 움직인 쪽의 고리를 잡아당겨서 다른 쪽 고리를 조입니다.

움직인 쪽의 고리

7

한쪽 고리가 조여졌습니다. 실 끝을 잡아당겨서 남은 고리를 조입니다.

8

중앙의 구멍에 메워졌습니다.

9

화살표처럼 첫째 코의 짧은뜨기 머리의 사슬코 2가닥을 줍듯이 바늘을 넣고 실을 걸어 빼냅니다.

10

첫째 단을 떴습니다.

머리고무줄에서 첫째 단 줍는 법

시작코를 만들지 않고 머리고무줄처럼 둥근 고리에 직접 첫째 단을 떠 넣는 방법입니다.

1

왼손에 실을 걸고 실 끝과 머리고무줄을 함께 잡습니다. 코바늘을 화살표처럼 머리고무줄의 고리 속에 넣습니다.

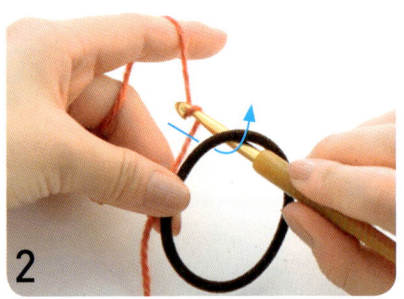

2

바늘에 실을 걸은 다음 화살표 방향으로 끌어냅니다.

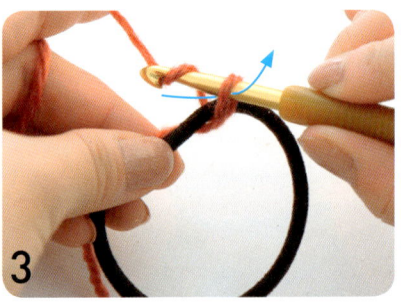

3

바늘에 실을 걸어 화살표 방향으로 빼냅니다.

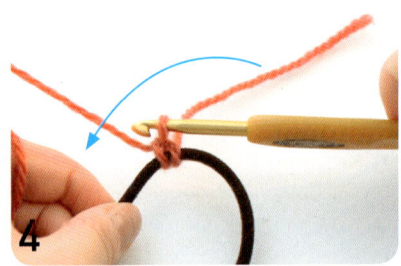

4

실 끝을 일단 왼손에서 빼내고 나서 화살표 방향으로 뜨개실의 위를 지나서 왼쪽으로 돌린 다음 머리고무줄 옆쪽으로 붙여 왼손으로 잡습니다.

5

바늘에 실을 걸어 기둥 1코를 뜹니다.

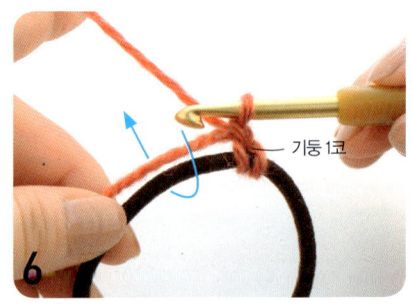

6

머리고무줄의 고리 속에 화살표처럼 바늘을 넣고 머리고무줄과 실 끝을 감싸면서 짧은뜨기를 뜹니다.

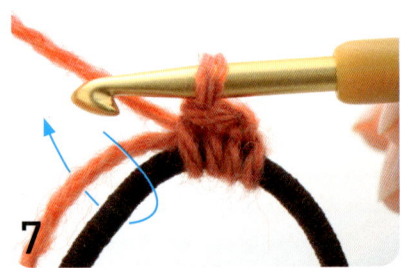

7

짧은뜨기를 1코 떴습니다. 같은 요령으로 반복해서 짧은뜨기를 떠 넣습니다.

8

짧은뜨기를 필요 콧수만큼 떠 넣어 1단을 뜹니다. 화살표 방향으로 첫째 코의 짧은뜨기 머리의 사슬코 2가닥을 주워서 바늘을 넣고 실을 걸어 빼냅니다.

9

첫째 단을 모두 주웠습니다.

뜨는 도중에 실이 모자랄 경우 실 잇는 법

뜨개질 도중에 실을 바꾸는 방법

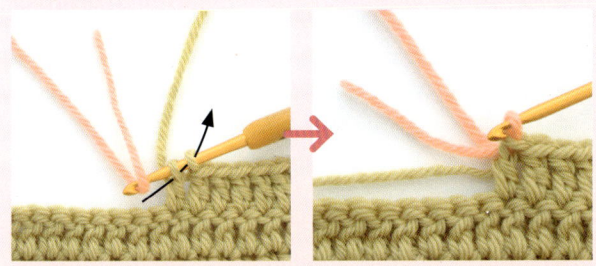

뜨개코를 완성시킬 때 새로운 실을 빼냅니다. 실 끝은 묶지 않고 남겨둔 다음 계속해서 나머지를 다 뜨고 나면 실을 한 번 가볍게 묶고 편물에 통과시켜서 실 정리(P.60 참고)를 합니다.

편물의 가장자리(단이 바뀌는 코)에서 실을 바꾸는 방법

단의 마지막 코를 완성시킬 때 새로운 실을 빼냅니다. 실 끝은 묶지 않고 남겨둔 다음 계속해서 나머지를 다 뜨고 나면 실을 한 번 교차시키고 편물에 통과시켜서 실 정리(P.60 참고)를 합니다.

실 끝을 '매듭'으로 잇는 방법

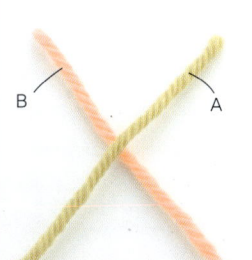

1 뜨고 있던 실 끝(A)과 새로운 실의 끝(B)을 사진처럼 겹칩니다.

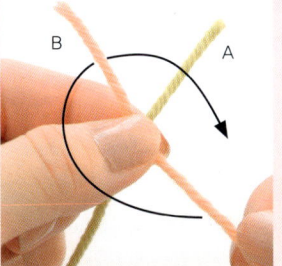

2 실이 겹쳐진 부분을 왼손으로 잡고 B실을 화살표처럼 실 끝 쪽으로 겁니다.

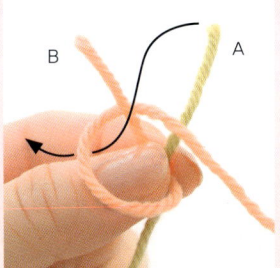

3 2에서 생긴 고리 속으로 A의 실 끝을 통과시킵니다.

4 B실을 조입니다.

5 '매듭'이 생겼습니다.

6 실 끝은 자르지 않고 남겨둔 다음 계속해서 떠나갑니다.

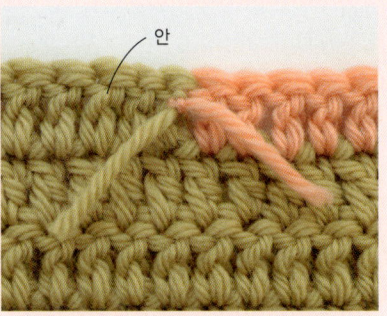

7 매듭이 편물의 안쪽으로 나오게 합니다. 계속해서 나머지 부분을 다 뜨고 난 뒤에 실 끝을 편물에 통과시켜서 실 정리(P.60 참고)를 합니다.

둘째 단 이후 뜨는 방법

둘째 단 이후부터는 특별한 지시가 없는 한 앞단 머리의 사슬코를 주워서 뜹니다.
편물의 가장자리 코는 눈에 잘 띄지 않아서 줍는 것을 잊어버리는 경우도 있으니 각별히 주의해야 합니다.

왕복뜨기의 경우

다음 단으로 옮길 때 편물 방향을 바꾸는 법

※단, 다음 단의 맨 처음에 빼뜨기를 할 경우에는 편물을 반대 방향으로 돌려서 뜨개실이 뒤쪽으로 가게 합니다.

1 화살표 방향처럼 편물의 왼쪽 끝을 앞으로, 오른쪽 끝을 뒤로 돌려서 뒤집습니다.

2 뜨개실이 앞쪽으로 와 있습니다.

짧은뜨기

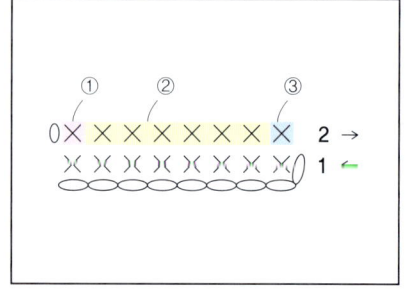

① 기둥코 다음에 코 줍는 법

앞단의 마지막 짧은뜨기 머리의 사슬코를 주워서 짧은뜨기를 뜹니다.

짧은뜨기를 뜬 모습입니다. 이것이 이 단의 첫째 코가 됩니다. 계속해서 화살표 방향으로 바늘을 넣어 둘째 코의 짧은뜨기를 뜹니다.

② 단 도중에 코 줍는 법

앞단의 짧은뜨기 머리의 사슬코를 주워서 짧은뜨기를 뜹니다.

③ 단 마지막에 코 줍는 법

앞단의 맨 처음 짧은뜨기 머리의 사슬코를 주워서 짧은뜨기를 뜹니다.

마지막 코를 뜬 모습입니다.

한길긴뜨기

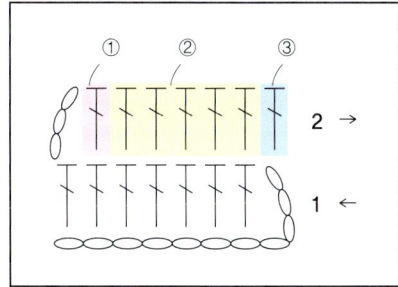

※짧은뜨기 이외의 뜨개코(긴뜨기나 두길긴뜨기 등)는 모두 같은 요령으로 줍습니다.

① 기둥코 다음에 코 줍는 법

앞단의 끝에서 두 번째에 있는 코의 한길긴뜨기 머리의 사슬코를 주워서 한길긴뜨기를 뜹니다.

한길긴뜨기를 뜬 모습입니다. 기둥코가 이 단의 첫째 코, 한길긴뜨기가 둘째 코가 됩니다.

② 단 도중에 코 줍는 법

앞단의 한길긴뜨기 머리의 사슬코를 주워서 한길긴뜨기를 뜹니다.

③ 단 마지막에 코 줍는 법

앞단의 기둥 셋째 코를 주워서 한길긴뜨기를 뜹니다.

둘째 단의 경우

첫째 단의 기둥 셋째 코에 안쪽에서 바늘을 넣습니다.

셋째 단 이후의 경우

앞단의 기둥 셋째 코에 겉쪽에서 바늘을 넣습니다.

마지막 코를 뜬 모습입니다.

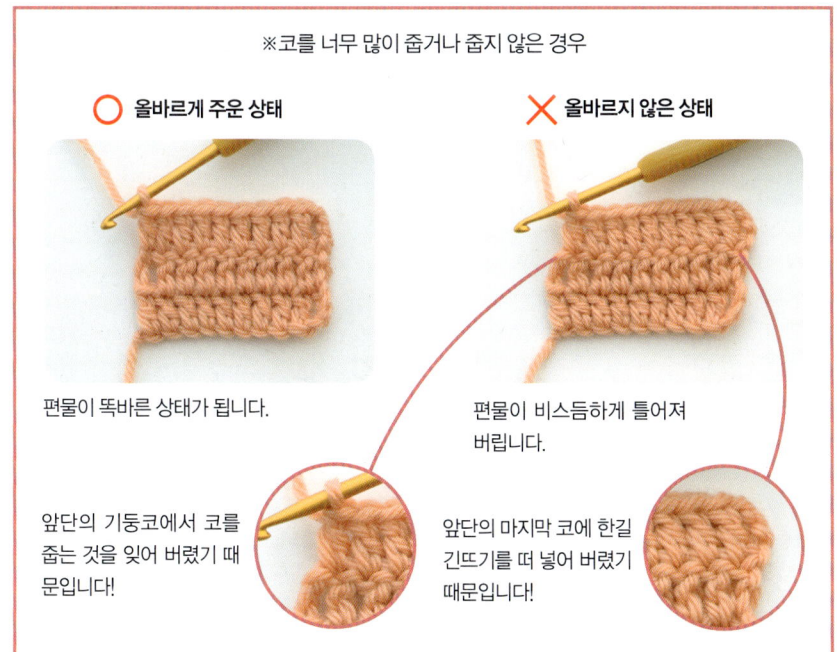

※코를 너무 많이 줍거나 줍지 않은 경우

○ 올바르게 주운 상태

편물이 똑바른 상태가 됩니다.

앞단의 기둥코에서 코를 줍는 것을 잊어 버렸기 때문입니다!

✕ 올바르지 않은 상태

편물이 비스듬하게 틀어져 버립니다.

앞단의 마지막 코에 한길긴뜨기를 떠 넣어 버렸기 때문입니다!

원형뜨기의 경우

짧은뜨기

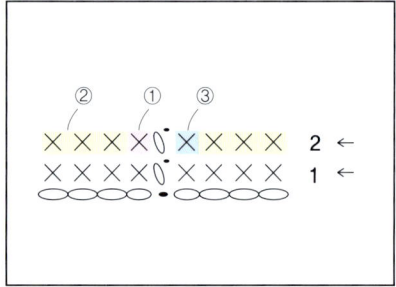

① 기둥코의 다음 코 줍는 법

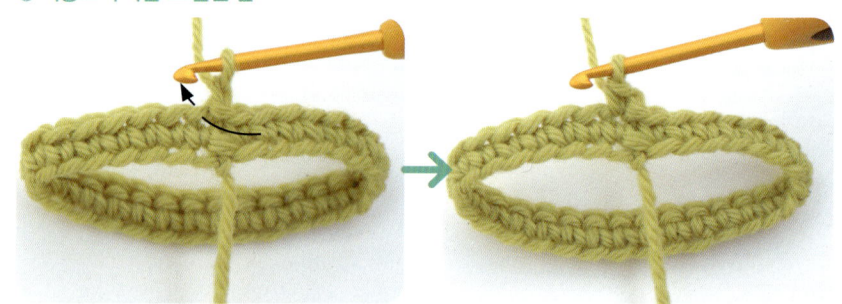

앞단의 맨 처음 짧은뜨기 머리의 사슬코(앞단의 마지막에서 빼뜨기를 떠 넣었던 코)를 주워서 짧은뜨기를 뜹니다.

짧은뜨기를 뜬 모습입니다. 이것이 이 단의 첫째 코가 됩니다.

② 단의 도중에 코 줍는 법

앞단의 짧은뜨기 머리의 사슬코를 주워서 짧은뜨기를 뜹니다.

③ 단의 마지막 코 줍는 법

마지막 빼뜨기

마지막 짧은뜨기

앞단의 마지막 짧은뜨기 머리의 사슬코를 주워서 짧은뜨기를 뜹니다. 앞단의 마지막에서 떴던 빼뜨기까지 줍지 않도록 주의하세요.

마지막 코를 뜬 모습입니다.

한길긴뜨기

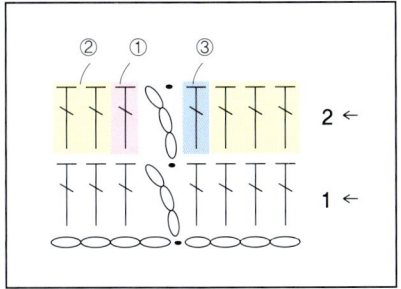

※짧은뜨기 이외의 뜨개코(긴뜨기나 두길긴뜨기 등)는 모두 같은 요령으로 줍습니다.

① 기둥코의 다음 코 줍는 법

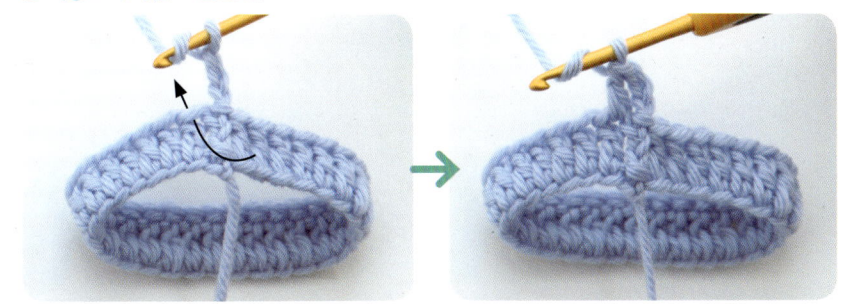

앞단 둘째 코의 한길긴뜨기(첫째 코는 기둥코) 머리의 사슬코를 주워서 한길긴뜨기를 뜹니다.

한길긴뜨기를 뜬 모습입니다. 기둥코가 이 단의 첫째 코, 한길긴뜨기가 둘째 코가 됩니다.

② 단의 도중에 코 줍는 법

앞단 한길긴뜨기의 머리의 사슬코를 주워서 한길긴뜨기를 뜹니다.

③ 단의 마지막 코 줍는 법

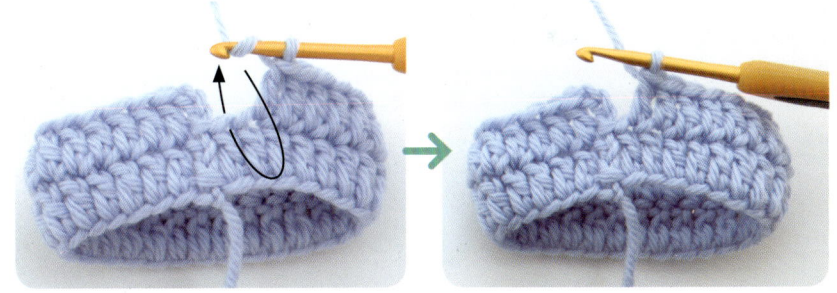

앞단의 마지막 한길긴뜨기 머리의 사슬코를 주워서 한길긴뜨기를 뜹니다.

마지막 코를 뜬 모습입니다.

묶음으로 뜨기

앞단의 사슬뜨기에서 코를 주울 때 사슬 아래로 바늘을 넣어 사슬을 모두 줍는 것을 '묶음으로 뜨기'라고 합니다.

모눈뜨기의 경우

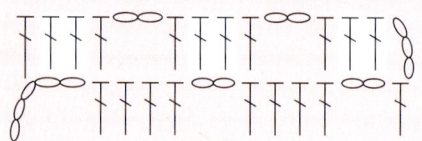

분홍색 부분의 한길긴뜨기는 앞단의 사슬을 모두 주워서 뜹니다.

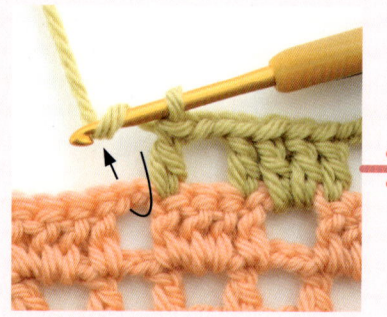

바늘에 실을 걸고 화살표처럼 바늘을 넣어 한 길긴뜨기를 뜹니다.

한길긴뜨기를 뜬 모습입니다. 묶음으로 모두 주워서 뜨면 앞단의 사슬이 감싸집니다.

그물뜨기의 경우

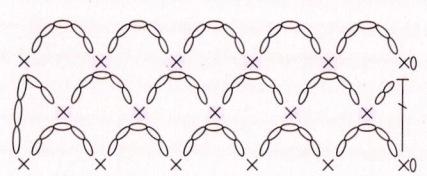

분홍색 부분의 짧은뜨기는 앞단의 사슬을 모두 주워서 뜹니다.

화살표 방향으로 바늘을 넣어 짧은뜨기를 뜹니다.

짧은뜨기를 뜬 모습입니다. 묶음으로 모두 주워서 뜨면 앞단의 사슬이 감싸집니다.

코 줄이기

Basic
04

편물의 폭을 좁게 하기 위해 코를 줄이는 것을 '코 줄이기'라고 하며,
진동둘레나 목둘레, 소매산의 곡선을 만들 때 사용합니다.

1코 줄이는 경우

편물의 가장자리에서 코를 줄이는 경우나 중간에서 코를 줄이는 경우에도 '2코 모아뜨기' 방법으로 합니다.

짧은뜨기

=짧은뜨기 2코 모아뜨기(P.98 참고)

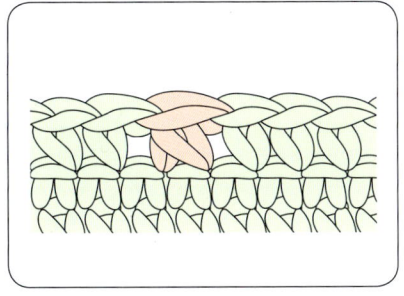

앞단에서 2코였던 코가 1코로 줄었습니다.

한길긴뜨기

=한길긴뜨기 2코 모아뜨기(P.100 참고)

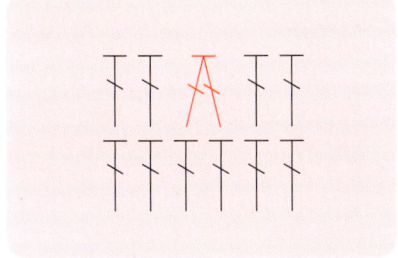

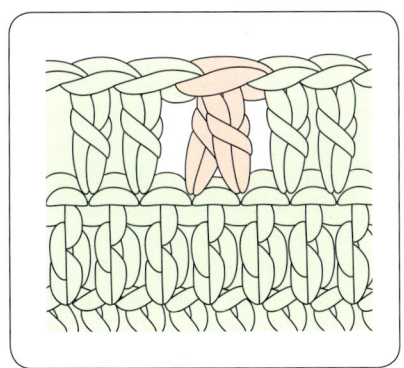

앞단에서 2코였던 코가 1코로 줄었습니다.

2코 줄이는 경우

편물의 가장자리에서 코를 줄이는 경우나 중간에서 코를 줄이는 경우에도 '3코 모아뜨기' 방법으로 합니다.

짧은뜨기

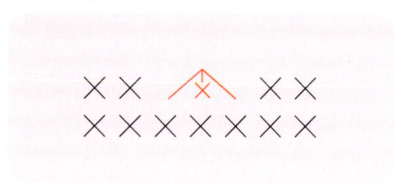

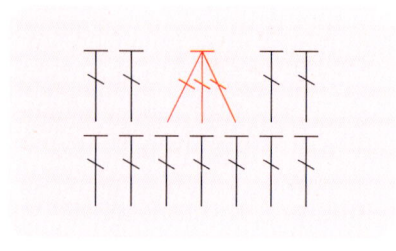

=짧은뜨기 3코 모아뜨기(P.98 참고)

앞단에서 3코였던 코가 1코로 줄었습니다.

한길긴뜨기

=한길긴뜨기 3코 모아뜨기(P.100 참고)

앞단에서 3코였던 코가 1코로 줄었습니다.

가장자리에서 많은 코를 줄이는 경우

편물의 가장자리에서 한 번에 많은 코를 줄이는 방법입니다. 단의 시작부분에서 줄일 때는 '실을 걸치는' 방법으로,
단의 끝부분에서 줄일 때는 '남기는' 방법으로 합니다. 여기서는 한길긴뜨기의 편물을 예로 들어 설명합니다.

단의 시작부분에서 많이 줄인다(실을 걸친다)

실을 걸치면 나중에 실 정리를 해야 하는 수고를 덜 수 있습니다.
또한 걸친 실은 나중에 가장자리뜨기 등을 할 때 코를 줍는 곳에서 감싸서 숨길 수 있습니다.

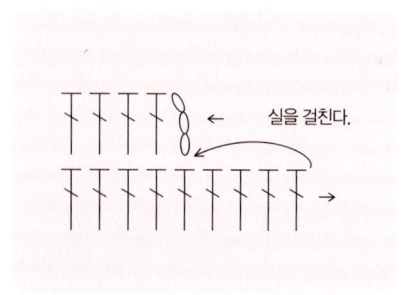

실을 걸친다.

단의 시작부분에서 4코 줄인다.

1 앞단의 코를 모두 다 뜨고 나면 코바늘에 걸려 있는 고리를 크게 늘립니다.

2 코바늘을 빼낸 다음 늘려둔 고리 속으로 실타래를 통과시킵니다.

3 통과시킨 실을 잡아당겨서 고리를 조입니다.

4 고리를 조인 모습입니다. 코가 풀리지 않는 상태가 됩니다.

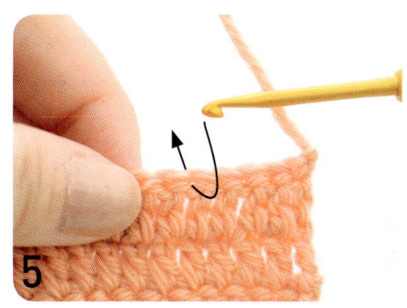

5 다섯째 코에 화살표 방향으로 바늘을 넣습니다.

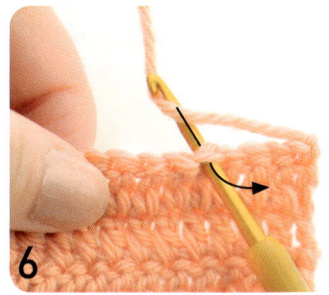

6 바늘에 실을 걸어 끌어냅니다.

걸친 실

7 실을 끌어낸 모습입니다. 걸친 실은 땅기거나 느슨해지지 않도록 적당히 잡아당깁니다.

8 기둥 3코를 뜹니다.

9 뜨개도안대로 나머지를 뜹니다. 가장자리에서 4코 줄었습니다.

단의 끝부분에서 많이 줄인다(남긴다)

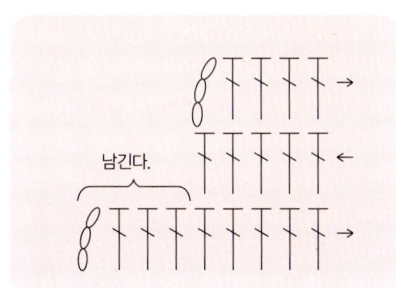

남긴다.

단의 끝부분에서 4코 줄인다.

단의 마지막 4코를 뜨지 않고 남긴 상태에서 편물을 뒤집어 다음 단을 뜹니다. 가장자리에서 4코 줄었습니다.

코 늘리기

편물의 폭을 넓게 하기 위해 코를 늘리는 것을 '코 늘리기'라고 하며,
소매밑단에 경사를 만들 때나 옷자락을 늘릴 때 사용합니다.

1코 늘리는 경우

편물의 가장자리에서 코를 늘리는 경우나 중간에서 코를 늘리는 경우에도 '2코 넣어뜨기' 방법으로 합니다.

짧은뜨기

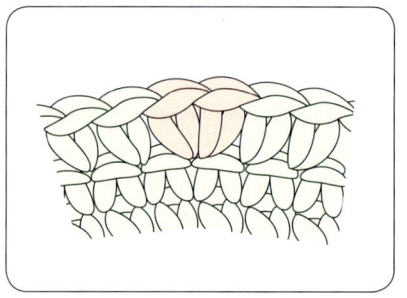

=짧은뜨기 2코 넣어뜨기(P.94 참고)

앞단에서 1코였던 코가 2코로 늘었습니다.

한길긴뜨기

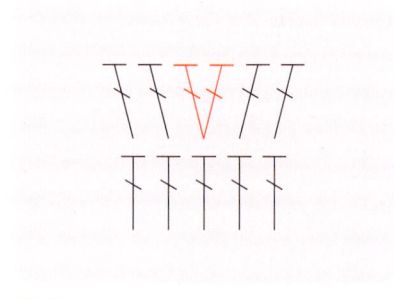

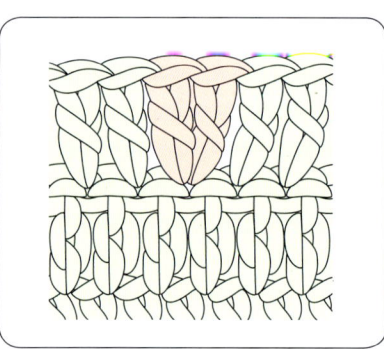

=한길긴뜨기 2코 넣어 뜨기(P.96 참고)

앞단에서 1코였던 코가 2코로 늘었습니다.

2코 늘리는 경우

편물의 가장자리에서 코를 늘리는 경우나 중간에서 코를 늘리는 경우에도 '3코 넣어뜨기' 방법으로 합니다.

짧은뜨기
● ● ● ● ● ●

앞단에서 1코였던 코가 3코로 늘었습니다.

=짧은뜨기 3코 넣어뜨기(P.94 참고)

한길긴뜨기
● ● ● ● ● ●

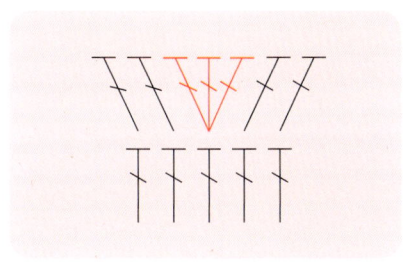

앞단에서 1코였던 코가 3코로 늘었습니다.

=한길긴뜨기 3코 넣어뜨기(P.96 참고)

가장자리에서 많은 코를 늘리는 경우

편물의 가장자리에서 한 번에 많은 코를 늘리는 방법입니다. '앞단의 끝부분에 이어서 사슬뜨기코를 떠 넣는 방법'과
'앞단의 시작부분에 다른 실을 걸어 사슬뜨기코를 떠 넣는 방법'이 있습니다. 여기서는 한길긴뜨기의 편물을 예로 들어 설명합니다.

앞단의 끝부분에 이어서 사슬뜨기코를 떠 넣는다

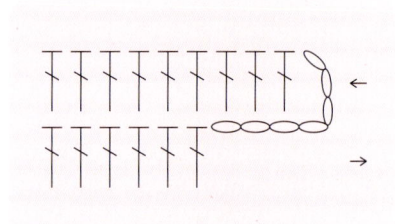

이어서 4코 늘린다.

1 마지막 코를 뜨고 나면 이어서 사슬 4코를 뜹니다.

2 편물을 뒤집은 다음 기둥 3코를 뜹니다.

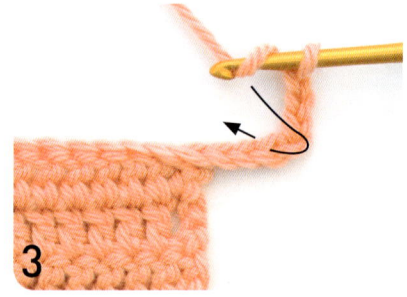

3 떠 넣은 사슬뜨기코에서 코를 주워서 한길긴뜨기를 뜹니다.

4 사슬뜨기코에서 코를 주워서 뜬 모습입니다. 편물의 가장자리에서 4코 늘었습니다.

5 계속해서 앞단의 코를 주워서 뜹니다.

단의 시작부분에 다른 실을 걸어 사슬뜨기코를 떠 넣는다

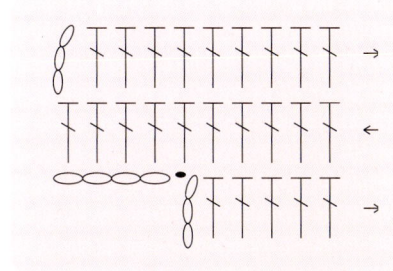

다른 실을 걸어 4코 늘린다.

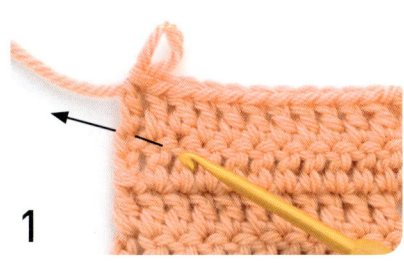

1

마지막 코를 뜨고 나면 일단 코바늘을 빼내고 앞단의 기둥 셋째 코에 바늘을 넣습니다.

2

바늘에 다른 실을 걸어 끌어냅니다.

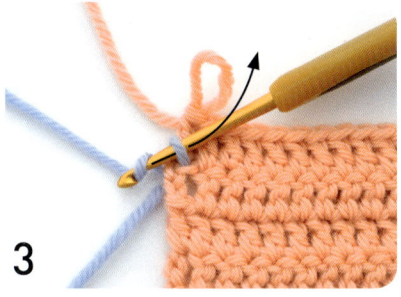

3

바늘에 실을 걸어 빼냅니다.

4

사슬 4코를 뜹니다.

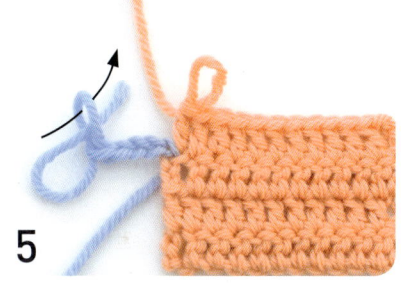

5

실 끝을 5cm 정도 남기고 자릅니다. 코바늘을 빼낸 다음 실 끝을 고리 속으로 통과시켜서 조입니다.

6

1에서 쉬게 해둔 고리에 코바늘을 넣고, 떠 넣은 사슬뜨기코에서 코를 주워서 한길긴뜨기를 뜹니다.

7

사슬뜨기코에서 코를 주워서 뜬 모습입니다. 편물의 가장자리에서 4코 늘었습니다.

배색실 바꾸는 법

Basic
06

실을 자르지 않고 바꾸는 방법입니다.
1단마다 또는 2단마다 쉬게 해둔 실을 걸치면서 뜹니다.

왕복뜨기의 경우

1단마다 가장자리에서 바꾸는 방법

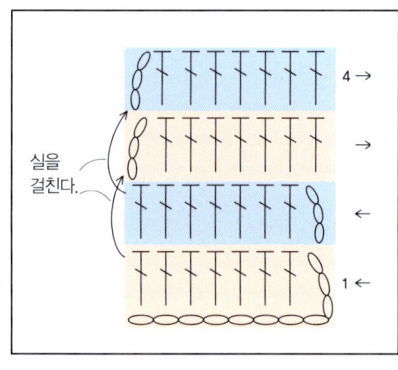

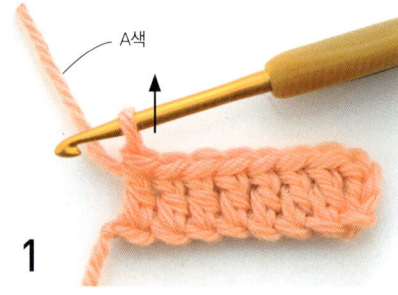

1 A색 실로 첫째 단을 다 뜨고 나면 코바늘에 걸려 있는 고리를 크게 늘립니다.

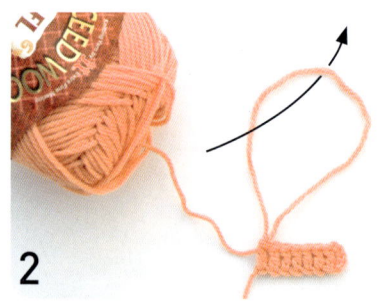

2 코바늘을 빼낸 다음 늘려둔 고리 속으로 실타래를 통과시킵니다.

3 통과시킨 실을 잡아당겨서 고리를 조였습니다. 코가 풀리지 않는 상태가 됩니다.

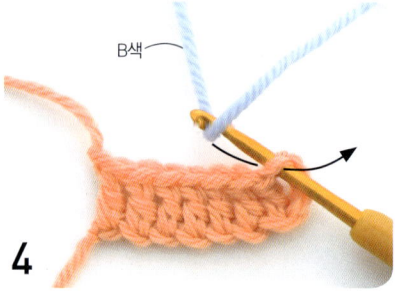

4 A색 실은 그대로 쉬게 해둡니다. 첫째 단의 기둥 셋째 코에 바늘을 넣어 B색 실을 끌어냅니다.

5 B색 실을 끌어냈습니다.

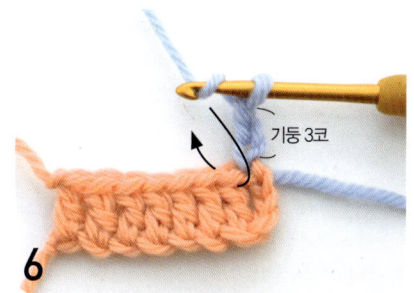

6

기둥 3코를 뜬 다음 한길긴뜨기를 뜹니다.

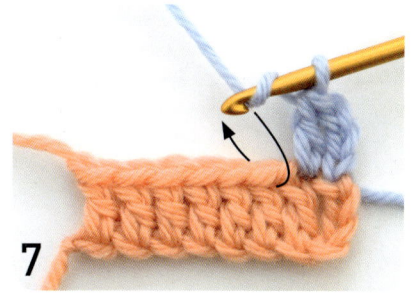

7

계속해서 한길긴뜨기로 둘째 단을 떠 나갑니다.

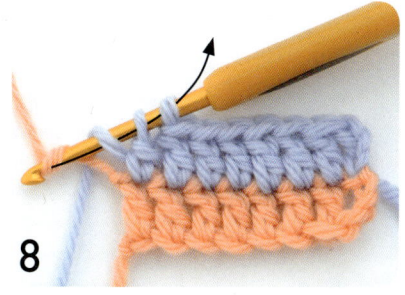

8

둘째 단의 마지막 한길긴뜨기를 완성시킬 때 쉽게 해둔 A색 실을 빼냅니다. 이때 B색 실은 바늘의 앞쪽에서 뒤쪽으로 걸어 둡니다.

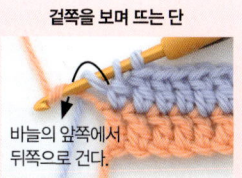

※단의 마지막에서 색을 바꿀 때는 쉽게 해둔 실이 겉쪽에서 봤을 때 눈에 띄지 않게 하기 위해서 사진처럼 바늘에 겁니다.

겉쪽을 보며 뜨는 단
바늘의 앞쪽에서 뒤쪽으로 건다.

안쪽을 보며 뜨는 단
바늘의 뒤쪽에서 앞쪽으로 건다.

9

빼낸 모습입니다. 이때 걸친 실이 땅기거나 느슨해지지 않게 합니다. B색 실은 그대로 쉽게 해둡니다.

10

편물을 뒤집은 다음 A색 실로 셋째 단을 떠 나갑니다.

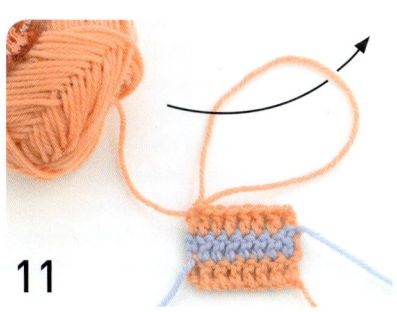

11

셋째 단을 다 뜨고 나면 1~2와 같은 요령으로 코바늘에 걸려 있는 고리를 크게 늘려서 실타래를 통과시킵니다.

12 통과시킨 실을 잡아당겨서 고리를 조였습니다.

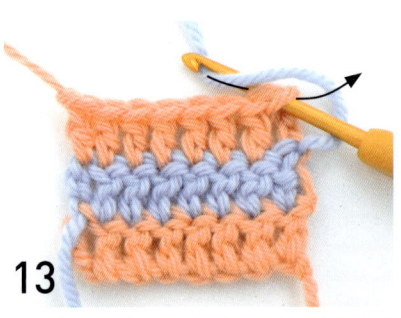

13 A색 실은 그대로 쉬게 해둡니다. 셋째 단의 기둥 셋째 코에 바늘을 넣어 B색 실을 끌어냅니다.

14 B색 실을 끌어냈습니다. 이때 걸친 실이 땅기거나 느슨해지지 않게 합니다.

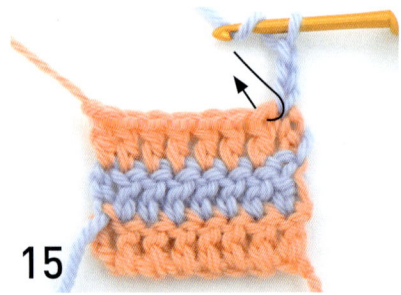

15 기둥 3코를 든 다음 한길긴뜨기로 넷째 단을 뜹니다.

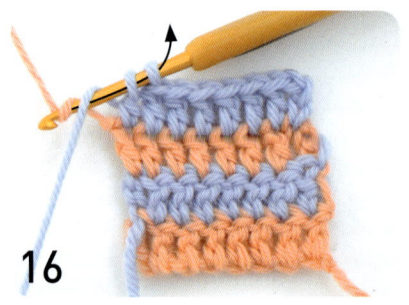

16 넷째 단의 마지막 한길긴뜨기를 완성시킬 때 쉬게 해둔 A색 실을 빼냅니다. 이때 B색 실은 바늘의 뒤쪽에서 앞쪽으로 걸어 둡니다.

17 빼낸 모습입니다. 같은 요령으로 1단마다 색을 바꿔가며 떠 나갑니다.

2단마다 가장자리에서 바꾸는 방법

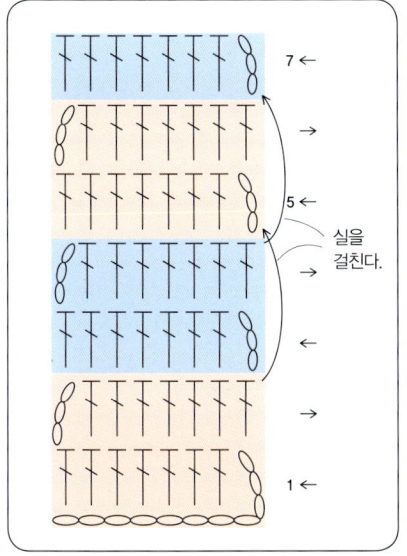

실을 걸친다.

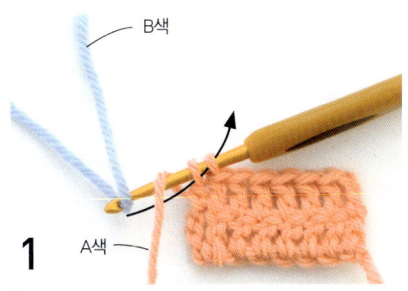

1 A색 실로 첫째, 둘째 단을 뜬 다음 둘째 단의 마지막 한길긴뜨기를 완성시킬 때 B색 실을 빼냅니다. 이때 A색 실은 바늘의 뒤쪽에서 앞쪽으로 걸어 둡니다.

2 빼낸 모습입니다. A색 실은 그대로 쉬게 해둡니다.

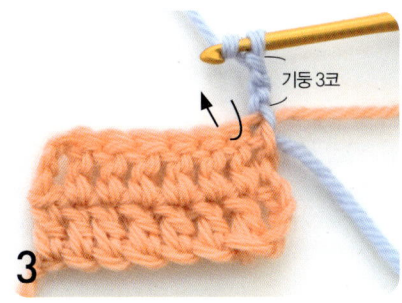

3 편물을 뒤집은 다음 기둥 3코를 뜨고 B색 실로 셋째 단을 떠 나갑니다.

4 계속해서 넷째 단도 B색 실로 뜬 다음 넷째 단의 마지막 한길긴뜨기를 완성시킬 때 쉬게 해둔 A색 실을 빼냅니다. 이때 B색 실은 바늘의 앞쪽에서 뒤쪽으로 걸어 둡니다.

5 빼낸 모습입니다. 이때 걸친 실이 땅기거나 느슨해지지 않게 합니다. B색 실은 그대로 쉬게 해둡니다.

6 편물을 뒤집은 다음 기둥 3코를 뜨고 A색 실로 다섯째, 여섯째 단을 떠 나갑니다.

7 일곱째 단까지 뜬 모습입니다. 편물의 가장자리에 실이 걸쳐져 있습니다. 같은 요령으로 2단마다 색을 바꿔가며 떠 나갑니다.

원형뜨기의 경우

원형으로 뜬다

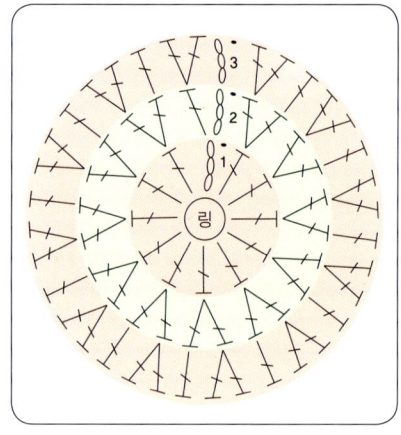

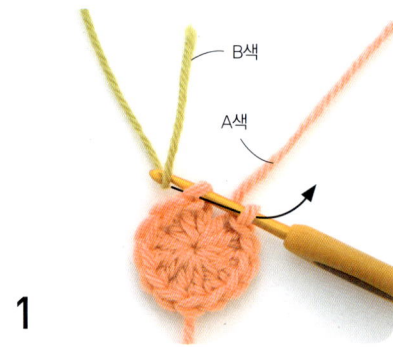

1

A색 실로 첫째 단을 뜹니다. 마지막 한길긴뜨기까지 뜨고 나면 B색 실로 바꿔서 빼뜨기를 뜹니다.

2

빼낸 모습입니다. A색 실은 그대로 쉬게 해둡니다.

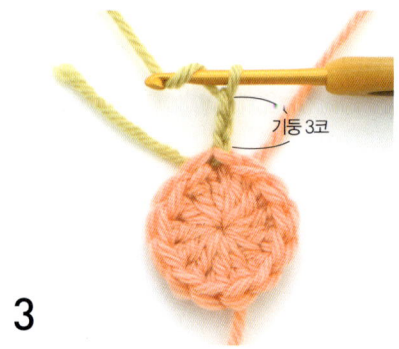

3

기둥 3코를 뜨고 B색 실로 둘째 단을 떠 나갑니다.

4

둘째 단의 마지막 한길긴뜨기까지 뜨고 나면 쉬게 한 A색 실로 빼뜨기를 뜹니다.

5

빼낸 모습입니다. B색 실은 그대로 쉬게 해둡니다.

6

같은 요령으로 1단마다 색을 바꿔가며 계속해서 떠 나갑니다. 편물의 안에는 세로로 실이 걸쳐
져 있습니다.

원통형으로 뜬다

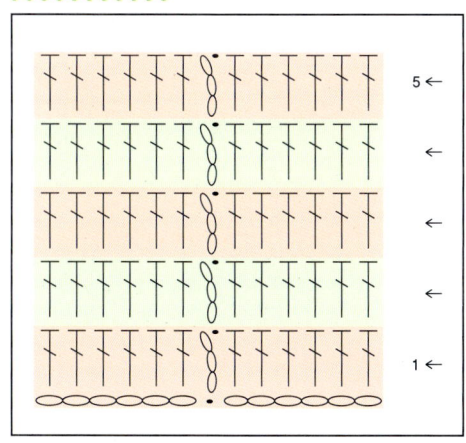

원통형으로 뜰 때도 원형과 같은 요령으로 단
의 마지막의 빼뜨기를 할 때 다음 색으로 바
꿔서 뜹니다. 편물의 안에는 실이 세로로 걸
쳐져 있습니다.

배색뜨기 뜨는 방법

짧은뜨기나 한길긴뜨기 등의 편물에 배색실을 사용해서 무늬를 넣어 갑니다.
여기서는 일반적으로 자주 사용되는 '실을 감싸면서 뜨는 방법'을 소개합니다.

실을 감싸면서 뜨는 방법

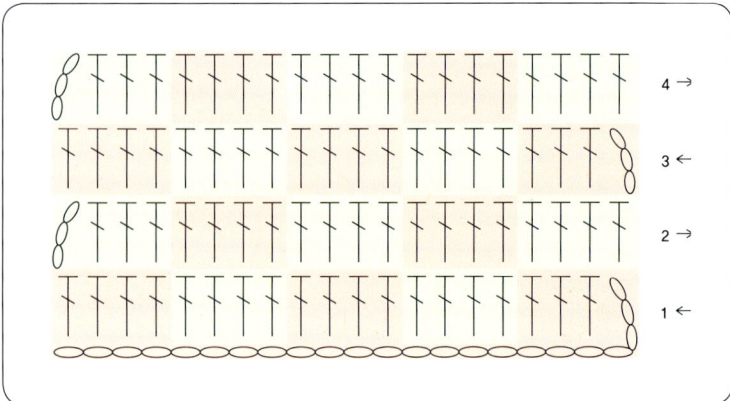

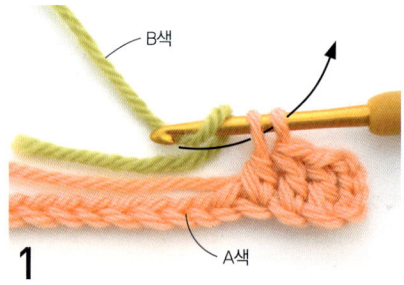

1

A색으로 시작코를 만든 다음 첫째 단의 중간
까지 뜹니다. B색으로 바꿀 1코 앞쪽의 코를
완성시킬 때 B색 실을 빼냅니다.

2

바늘에 실을 걸어 화살표 방향으로 바늘을 넣
습니다.

3

B색 실의 끝과 A색 실을 감싸듯이 하여 B색으로 한길긴뜨기를 뜹니다.

4

B색 실의 끝과 A색 실을 감싸면서 B색으로
한길긴뜨기를 뜹니다.

5

A색으로 바꿀 1코 앞쪽의 코를 완성시킬 때 A
색 실을 빼냅니다. 이때 코의 속을 가로로 걸
치고 있는 A색 실이 땅기거나 느슨해지지 않
도록 적당히 조입니다.

6

B색 실을 감싸면서 A색으로 한길긴뜨기를 뜹
니다.

7

뜨개도안을 참고하여 A색 실과 B색 실을 바꿔가며 떠 나갑니다. 첫째 단의 마지막 코를 완성시킬 때 B색 실을 빼냅니다. 이때 A색 실은 바늘의 앞쪽에서 뒤쪽으로 걸어 둡니다.

8

첫째 단을 떴습니다.

9

둘째 단을 뜹니다. 편물을 뒤집은 다음 B색으로 기둥 3코를 뜹니다.

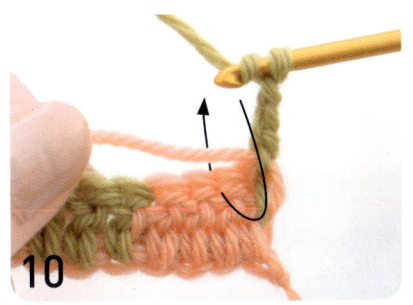

10

바늘에 실을 걸고 화살표 방향으로 A색 실을 감싸듯이 바늘을 넣어 B색으로 한길긴뜨기를 뜹니다.

11

A색으로 바꿀 1코 앞쪽의 코를 완성시킬 때 A색 실을 빼냅니다.

12

바늘에 실을 걸고 화살표 방향으로 B색 실을 감싸듯이 바늘을 넣어 A색으로 한길긴뜨기를 뜹니다.

13

뜨개도안을 참고하여 A색 실과 B색 실을 바꿔가며 떠 나갑니다. 둘째 단의 마지막 코를 완성시킬 때 A색 실을 빼냅니다. 이때 B색 실은 바늘의 뒤쪽에서 앞쪽으로 걸어 둡니다.

14

둘째 단을 떴습니다.

15

첫째, 둘째 단과 같은 요령으로 계속해서 떠 나갑니다.

단에서 코 줍는 법

Basic 08

가장자리뜨기를 할 때 등 편물의 단에서 코를 주울 때가 있습니다.
코를 줍는 방법에 따라 완성된 모습이 달라지기 때문에 깔끔하게 줍도록 합니다.

한길긴뜨기에서 코를 줍는 경우

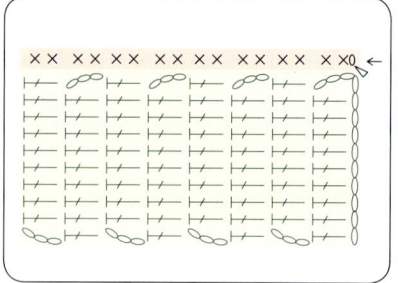

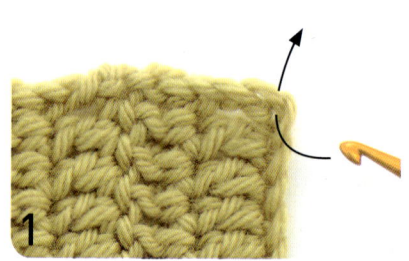

1 편물의 가장자리에 바늘을 넣습니다.

2 바늘에 실을 걸어 끌어냅니다.

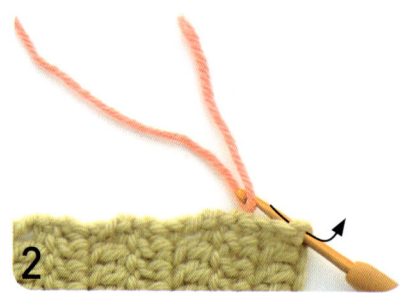

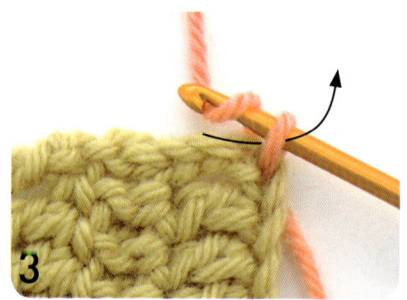

3 바늘에 실을 걸고 화살표 방향으로 빼내어 코를 조입니다.

4 기둥 1코를 뜬 다음 화살표처럼 가장자리의 첫째 코와 둘째 코 사이에 바늘을 넣습니다.

5 가장자리의 1코를 감싸면서 짧은뜨기를 뜹니다.

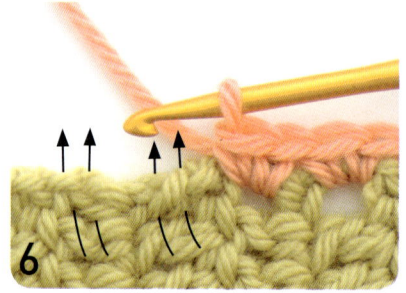

6 4~5와 같은 요령으로 가장자리의 1코를 감싸면서 짧은뜨기를 뜹니다.

7 1단을 주운 모습입니다.

짧은뜨기에서 코를 줍는 경우

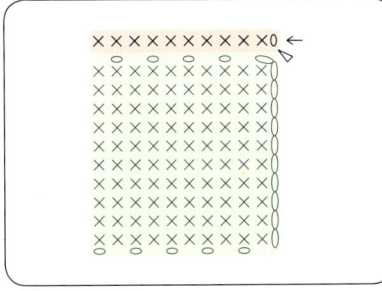

1
편물의 가장자리에 바늘을 넣습니다.

2
바늘에 실을 걸어 끌어냅니다.

3
바늘에 실을 걸고 화살표 방향으로 빼내어 코를 조입니다.

4
기둥 1코를 뜬 다음 화살표처럼 가장자리의 코를 나누어 바늘을 넣습니다.

5
짧은뜨기를 뜹니다.

6
4~5와 같은 요령으로 가장자리의 코를 나누어 바늘을 넣고 짧은뜨기를 뜹니다.

7
1단을 주운 모습입니다.

모눈뜨기에서 코를 줍는 경우

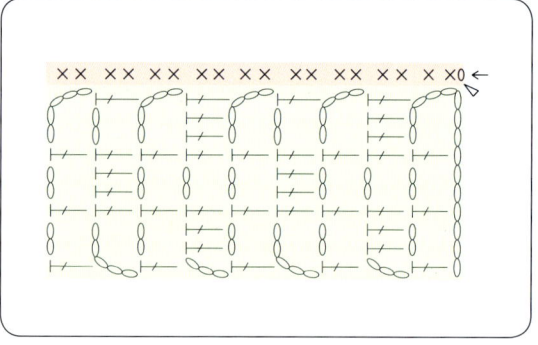

1
한길긴뜨기 편물에서 코를 줍는 경우와 같은 요령으로 가장자리의 코를 모두 줍습니다.

2
짧은뜨기를 뜹니다.

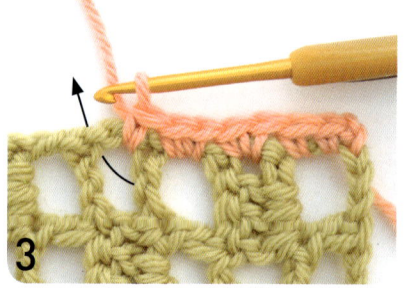

3
같은 요령으로 떠 나갑니다.

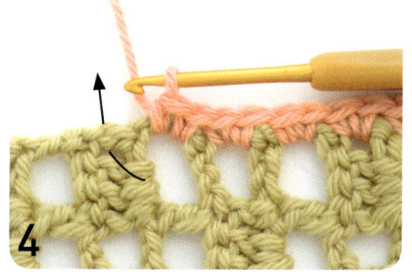

4
코가 꽉 차있는 부분도 1~2와 같은 요령으로 주워서 짧은뜨기를 뜹니다.

5
같은 요령으로 떠 나갑니다.

6
1단을 주운 모습입니다.

그물뜨기에서 코를 줍는 경우

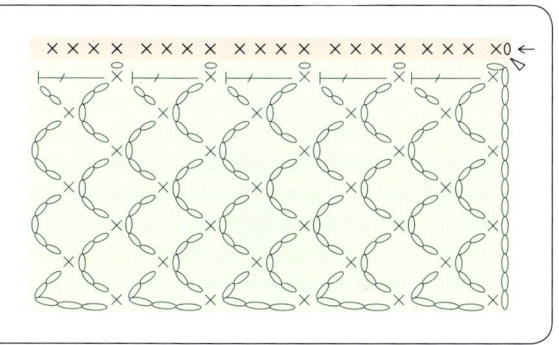

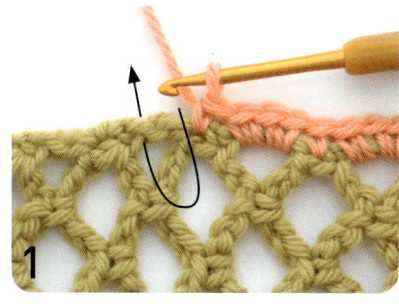

1 한길긴뜨기에서 코를 줍는 경우와 같은 요령으로, 가장자리의 코를 모두 주워서 짧은뜨기를 뜹니다.

2 같은 요령으로 떠 나갑니다.

3 짧은뜨기의 부분에서 코를 줍는 경우에는 가장자리의 코를 나누어 바늘을 넣습니다.

4 짧은뜨기를 뜹니다.

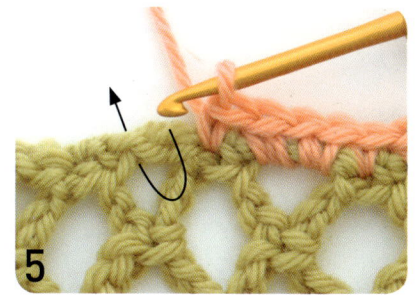

5 그물 부분은 가장자리의 코를 모두 주워서 짧은뜨기를 뜹니다.

6 1단을 주운 모습입니다.

편물의 사선에서 코를 줍는 경우

브이넥의 목둘레 등에서 줍는 경우입니다. 구
멍이 생기지 않도록 편물의 가장자리 코를 나
눠가며 줍습니다.

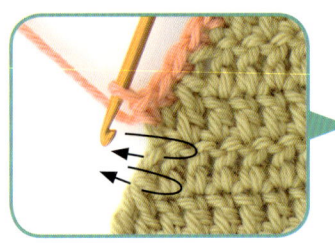

편물의 가장자리 코를 나누어 바늘을 넣고 짧은뜨기를 뜹니다.

편물의 곡선에서 코를 줍는 경우

사선에서 코를 주울 때와 같은 요령으로 구멍
이 생기지 않도록 편물의 가장자리 코를 나눠
가며 줍습니다.

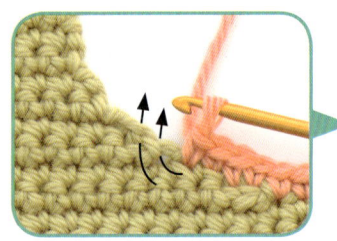

편물의 가장자리 코를 나누어 바늘을 넣고 짧은뜨기를 뜹니다.

※곡선이 깔끔하지 않은 경우

곡선이 깔끔하지 않은 경우에는 같은 색의 실로
빼뜨기를 하여 곡선을 정리하고 난 다음 코를
줍습니다.

※알기 쉽도록 실색을 바꿨습니다.

1 편물의 가장자리에 빼뜨기를 떠 넣습니다.

2 깔끔한 곡선이 되도록 빼뜨기를 떠 넣으세요.

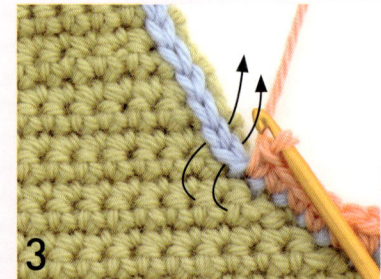

3 1~2에서 떠 넣은 빼뜨기코를 줍습니다.

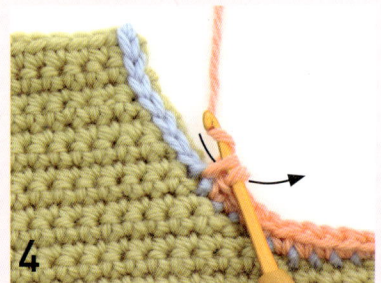

4 짧은뜨기를 뜹니다.

5 깔끔하게 주웠습니다.

4

마무리는
이렇게 하세요!

마무리와 실 정리하는 방법 | 잇기 | 꿰매기 | 모티브 잇기

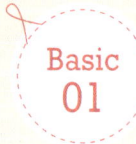

Basic 01

마무리와 실 정리하는 방법

편물이 완성되면 코를 막고 시작부분과 끝부분의 실 끝을 돗바늘로 정리합니다.
편물의 안쪽으로 실을 통과시켜서 깔끔하게 정리하세요.

왕복뜨기의 경우

끝부분의 코 막는 법

자른다.

10cm

1

마지막 코를 뜨고 나면 코바늘을 빼냅니다.
실 끝을 10cm 정도 남기고 실을 자릅니다.

2

코바늘을 빼낸 고리 속으로 실 끝을 통과시킵니다.

3

실 끝을 잡아당겨서 코를 조입니다.

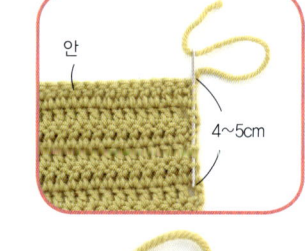

안

4~5cm

※작품의 안쪽도 보여주고 싶다면 편물의 가장자리 코를 주워도 됩니다.

실 정리하는 방법

돗바늘

1

실 끝을 돗바늘에 끼웁니다.

4~5cm

안

2

편물의 안쪽을 조금씩 떠서 4~5cm 정도 실을 통과시킵니다.

3

돗바늘을 빼낸 다음 밖으로 나와 있는 여분의 실을 편물 가까이에서 자릅니다. 시작부분의 실 끝도 같은 요령으로 정리합니다.

편물의 도중에서 실을 정리하는 경우

1 실 끝을 편물의 안쪽으로 꺼내어 가볍게 묶습니다.

2 실 끝을 돗바늘에 끼운 다음 편물의 안쪽을 조금씩 떠서 4~5cm 정도 실을 통과시킵니다.

3 돗바늘을 빼낸 다음 밖으로 나와 있는 여분의 실을 편물 가까이에서 자릅니다. 다른 쪽의 실 끝도 같은 요령으로 정리합니다.

원형뜨기의 경우

끝부분의 코 막는 법

빼뜨기로 끝나는 경우

빼뜨기

1 마지막 코를 뜨고 나면 단의 맨 처음 코에 바늘을 넣어 빼뜨기를 뜹니다.

2 실 끝을 10cm 정도 남기고 자른 다음 코바늘을 빼낸 고리 속으로 통과시킵니다.

3 실 끝을 잡아당겨서 코를 조입니다.

사슬 모양으로 연결하는 경우

원형뜨기의 경우에는 끝부분을 빼뜨기가 아닌 사슬로 연결해서 정리하면 더욱 깔끔하게 완성됩니다.

1

마지막 코를 뜹니다. 실 끝을 10cm 정도 남기고 자른 다음 화살표 방향으로 코를 늘립니다.

2

코를 늘려서 실 끝을 끌어낸 다음 돗바늘에 끼웁니다.

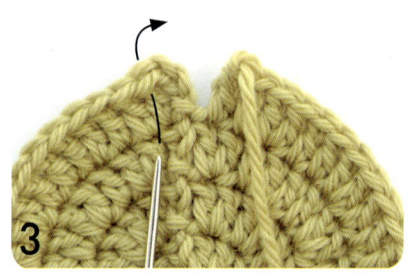

3

화살표처럼 단의 첫째 코의 한길긴뜨기 머리의 사슬코에 돗바늘을 끼웁니다.

4

계속해서 돗바늘을 화살표 방향으로 끼워서 실을 편물의 안쪽으로 나오게 합니다.

실 정리하는 방법

5

실 끝을 잡아당겨서 다른 사슬코와 비슷한 크기가 되도록 조절합니다.

6

사슬 모양으로 연결했습니다. 3~5에서 통과시킨 실이 사슬코처럼 보입니다.

1

실 끝을 돗바늘에 끼운 다음 편물의 안쪽을 조금씩 떠서 4~5cm 정도 실을 통과시킵니다.

2

돗바늘을 빼낸 다음 밖으로 나와 있는 여분의 실을 편물 가까이에서 자릅니다. 시작부분의 실 끝도 같은 요령으로 정리합니다.

조여서 막을 경우

끝부분의 코 막는 법

끝부분에 실을 끼워서 조이면 편물이 오므라들어서 둥글게 됩니다.
모자 등을 뜰 때 자주 사용되는 방법입니다.

1 마지막 코를 뜨고 나면 실 끝을 15~20cm 정도 남기고 자릅니다. 화살표 방향으로 고리를 늘려서 그대로 실 끝을 끌어냅니다.

※실 끝의 길이는 편물의 길이에 따라 조절해주세요.

2 실 끝을 돗바늘에 끼웁니다.

3 화살표 방향으로 마지막 단 머리의 사슬코의 앞쪽 1가닥을 줍습니다.

4 같은 요령으로 모든 코를 줍습니다.

5 모든 코를 다 줍고 나면 실 끝을 잡아당겨서 편물을 조입니다.

6 끝까지 조인 모습입니다.

실 정리하는 법

1

돗바늘을 조인 코의 중심에 넣어 실 끝을 안쪽으로 집어넣습니다.

2

편물을 뒤집습니다. 편물의 안쪽을 조금씩 떠서 4~5cm 정도 실을 통과시킵니다. 돗바늘을 빼낸 다음 여분의 실을 편물 가까이에서 자릅니다.

돗바늘에 실 꿰는 법

털실은 여러 가닥의 실을 꼬아서 만들었기 때문에 실 끝 쪽부터 돗바늘에 꿰려고 해도 실이 갈라져 버려서 꿰기가 쉽지 않습니다. 그럼 실을 잘 꿸 수 있는 요령을 소개합니다.

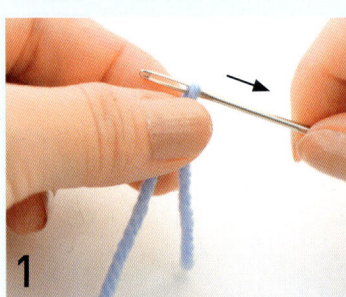

1

사진처럼 털실을 반으로 접어 그 사이에 돗바늘을 끼웁니다. 반으로 접은 털실을 손가락으로 눌러 잡고 화살표처럼 돗바늘을 빼냅니다.

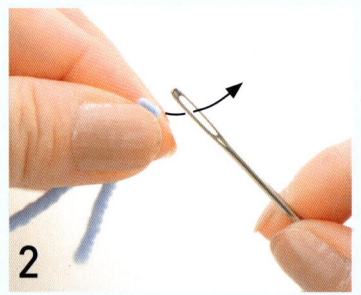

2

눌러 잡은 상태에서 실의 접힌 부분을 화살표처럼 바늘귀에 끼워 넣습니다.

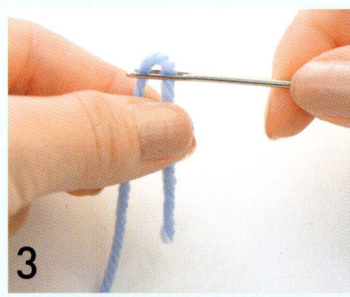

3

실을 끼운 모습입니다. 접힌 부분부터 바늘귀에 꿰면 실이 갈라지지 않고 잘 들어갑니다.

다림질하는 방법

다 뜨고 나면 반드시 다림질을 합니다. 다리미로 스팀을 듬뿍 분사하면 뜨개코가 깔끔하게 정리되어 다림질하기 전보다 훨씬 깔끔해집니다.

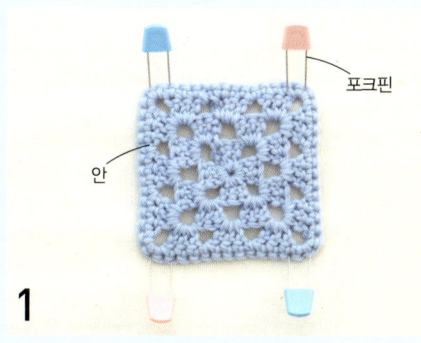

1 다리미판 위에 편물의 안쪽을 위로 오게 해서 올려놓은 다음 모양을 정리하면서 포크핀을 꽂습니다.

2 다리미를 편물에서 2~3cm 정도 띄워서 스팀을 듬뿍 분사합니다. 열이 완전히 식으면 포크핀을 빼냅니다.

다리기 전

→

다린 후

다림질을 하기 전에는 편물이 뒤틀려 있지만 다림질을 한 후에는 깔끔하게 정리됩니다.

잇기

2장의 편물을 연결할 때 코바늘이나 돗바늘을 사용해서 코와 코를 연결하는 것을 '잇기'라고 합니다.
여기서는 일반적으로 자주 사용되는 방법을 소개합니다. 편물 스타일에 맞는 방법을 선택해서 연결하도록 하세요.
※사진에서는 잇기용으로 새로운 실을 사용하고 있지만, 마무리 부분의 실 끝이 길게 남아 있는 경우에는 실 끝을 사용해도 됩니다.

빼뜨기로 잇기

코바늘을 사용하여 머리의 사슬코를 주워 빼뜨기를 뜹니다.

겉끼리 맞대어 머리의 사슬코 2가닥을 줍는다

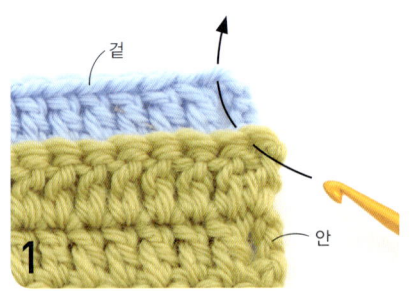

2장의 편물을 겉끼리 맞대어 겹친 다음 화살표
방향으로 가장자리의 코에 바늘을 넣습니다.

바늘에 실을 건 다음 화살표 방향으로 끌어
냅니다.

화살표 방향으로 바늘을 넣어 머리의 사슬코
를 2가닥씩 줍습니다.

바늘에 실을 걸어 한꺼번에 빼냅니다.

빼낸 모습입니다. 다음 코에도 같은 요령으로
바늘을 넣어 빼뜨기를 뜹니다.

같은 요령으로 반복합니다.

마지막 코까지 빼낸 모습입니다.

이은 부분을 겉쪽에서 본 모습입니다.

※ '겉끼리 맞대기'와 '안끼리 맞대기'란?

겉끼리 맞대기

2장의 편물의 겉면끼
리 안쪽으로 맞대어
겹치는 것을 말합니
다.

안끼리 맞대기

2장의 편물의 겉면을
바깥쪽으로 해서 겹
치는 것을 말합니다.

짧은뜨기로 잇기

코바늘을 사용해서 머리의 사슬코를 주워 짧은뜨기를 뜹니다.
이은 부분이 입체적으로 올라와 있어서 모양처럼 보입니다.

안끼리 맞대어 머리의 사슬코 2가닥을 줍는다

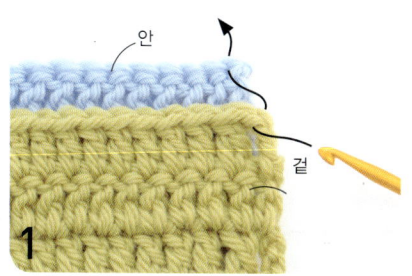

1 2장의 편물을 안끼리 맞대어 겹친 다음 화살표 방향으로 가장자리의 코에 바늘을 넣습니다.

2 바늘에 실을 건 다음 화살표 방향으로 끌어 냅니다.

3 기둥코를 1코 뜹니다.

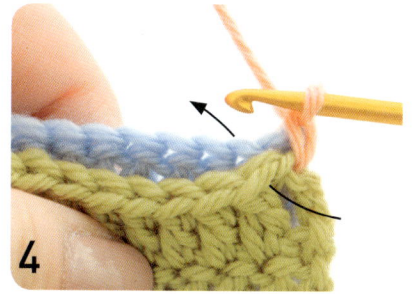

4 화살표 방향으로 바늘을 넣어 머리의 사슬코를 2가닥씩 줍습니다.

5 바늘에 실을 건 다음 화살표 방향으로 끌어 냅니다.

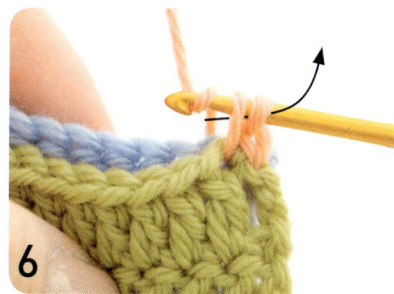

6 짧은뜨기를 뜹니다.

7 짧은뜨기를 뜬 모습입니다. 다음 코에도 같은 요령으로 바늘을 넣습니다.

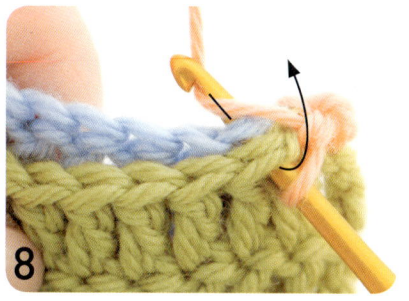

8 바늘에 실을 건 다음 끌어내서 짧은뜨기를 뜹니다.

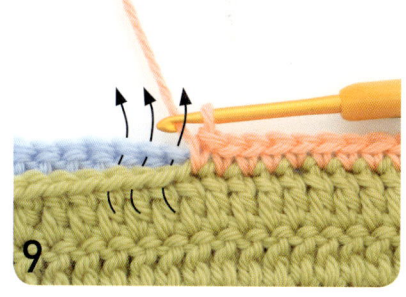

9 같은 요령으로 반복합니다.

10 마지막 코까지 뜬 모습입니다.

11 이은 부분을 겉쪽에서 본 모습입니다. 이은 부분이 입체적으로 올라와 있습니다.

감아서 잇기

돗바늘을 사용해서 머리의 사슬코를 2가닥 또는 1가닥씩 주워 감칩니다.

겉끼리 맞대어 머리의 사슬코 2가닥을 줍는다

2장의 편물을 겉끼리 맞대어 겹친 다음 돗바늘에 실을 끼워서 화살표처럼 가장자리의 코에 바늘을 넣습니다.

화살표 방향으로 바늘을 넣어 머리의 사슬코를 2가닥씩 줍습니다.

다음 코에도 같은 요령으로 바늘을 넣어 실을 조입니다.

같은 요령으로 반복합니다.

마지막 코는 화살표 방향으로 바늘을 넣습니다.

마지막까지 이은 모습입니다.

이은 부분을 겉쪽에서 본 모습입니다.

겉끼리 맞대어 머리의 사슬코 1가닥을 줍는다

1 2장의 편물을 겉끼리 맞대어 겹친 다음 돗바늘에 실을 끼워서 화살표처럼 가장자리의 코에 바늘을 넣습니다.

2 화살표 방향으로 바늘을 넣어 머리의 사슬코를 1가닥씩 줍습니다.

3 다음 코에도 같은 요령으로 바늘을 넣어 실을 조입니다.

4 같은 요령으로 반복합니다.

5 마지막 코는 화살표 방향으로 바늘을 넣습니다.

6 마지막까지 이은 모습입니다.

7 이은 부분을 겉쪽에서 본 모습입니다. P.68의 '머리의 사슬코 2가닥을 줍는다'의 경우와 겉모습은 똑같지만, 사슬코를 1가닥만 줍기 때문에 이음매가 얇게 완성됩니다.

안끼리 맞대어 머리의 사슬코 1가닥을 줍는다

1 2장의 편물을 안끼리 맞대어 겹친 다음 돗바늘에 실을 끼워서 화살표처럼 가장자리의 코에 바늘을 넣습니다.

2 화살표 방향으로 바늘을 넣어 머리의 사슬코를 1가닥씩 줍습니다.

3 다음 코에도 같은 요령으로 바늘을 넣어 실을 조입니다.

4 같은 요령으로 반복합니다.

5 마지막 코는 화살표 방향으로 바늘을 넣습니다.

6 마지막까지 이은 모습입니다.

7 이은 부분을 겉쪽에서 본 모습입니다. 남은 사슬코 1가닥이 줄기 같은 모양이 됩니다.

사슬뜨기와 빼뜨기로 잇기

그물뜨기나 모눈뜨기 같은 편물의 경우에는 사슬뜨기를 중간에 넣어가며 빼뜨기로 잇습니다. 사슬뜨기의 콧수는 편물에 따라 조절하도록 합니다.

겉끼리 맞대어 묶음으로 뜬다

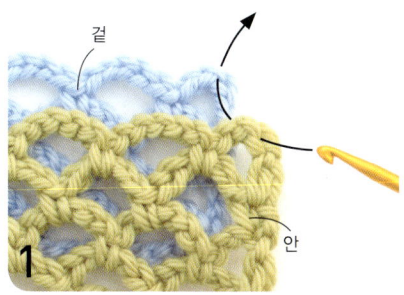

1
2장의 편물을 겉끼리 맞대어 겹친 다음 코바늘을 가장자리의 코에 넣습니다.

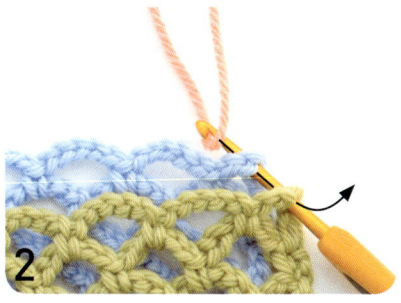

2
바늘에 실을 걸어 끌어냅니다.

3
바늘에 실을 걸어 사슬뜨기를 뜹니다.

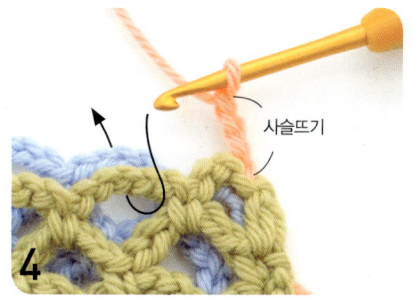

4
화살표 방향으로 편물을 모두 줍습니다.

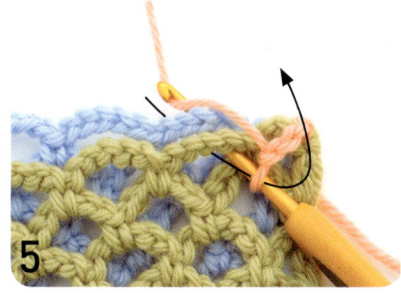

5
바늘에 실을 걸어 화살표 방향으로 한꺼번에 빼냅니다.

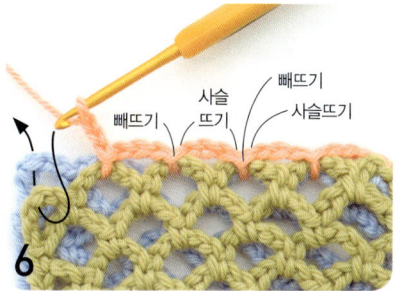

6
사슬뜨기와 빼뜨기를 반복해서 뜬 다음 마지막에는 화살표처럼 바늘을 넣습니다.

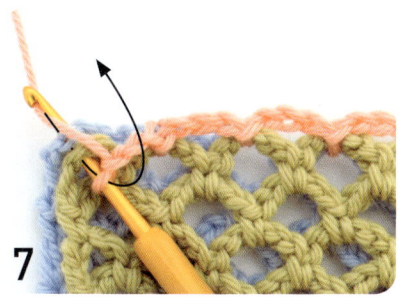

7
바늘에 실을 걸어 화살표 방향으로 한꺼번에 빼냅니다.

8
마지막까지 이은 모습입니다.

9
이은 부분을 겉쪽에서 본 모습입니다.

사슬뜨기와 짧은뜨기로 잇기

'사슬뜨기와 빼뜨기로 잇기'와 같은 요령으로 사슬뜨기와 짧은뜨기를 반복해서 편물을 잇습니다.

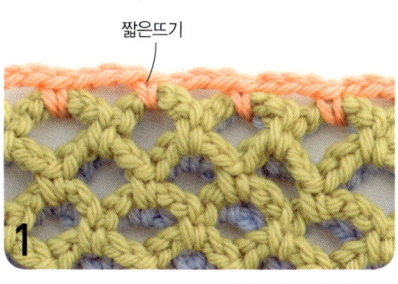

1
'사슬뜨기와 빼뜨기로 잇기'의 빼뜨기 부분을 짧은뜨기로 바꿔서 뜹니다.

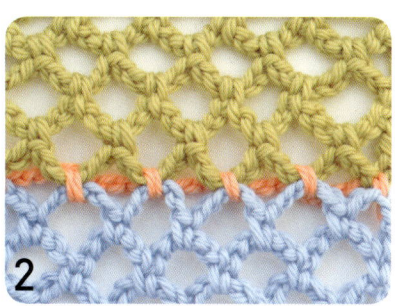

2
이은 부분을 겉쪽에서 본 모습입니다.

꿰매기

2장의 편물을 연결할 때 코바늘이나 돗바늘을 사용해서 단과 단을 연결하는 것을 '꿰매기'라고 합니다.
여기서는 일반적으로 자주 사용되는 방법을 소개합니다. 편물 스타일에 맞는 방법을 선택해서 연결하도록 하세요.
※사진에서는 꿰매기용으로 새로운 실을 사용하고 있지만, 실 끝이 길게 남아 있는 경우에는 실 끝을 사용해도 됩니다.

빼뜨기로 꿰매기

코바늘을 사용해서 편물의 가장자리 코를 주워서 빼뜨기를 뜹니다.

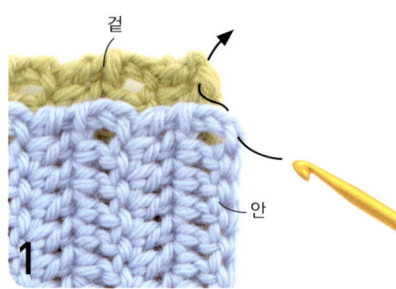

1 2장의 편물을 겉끼리 맞대어 겹친 다음 화살표처럼 가장자리의 코에 바늘을 넣습니다.

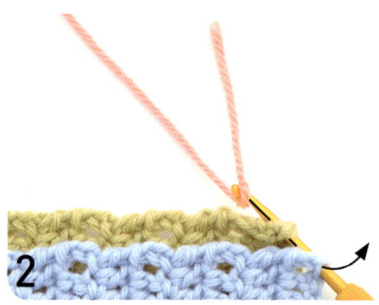

2 바늘에 실을 걸어 끌어냅니다.

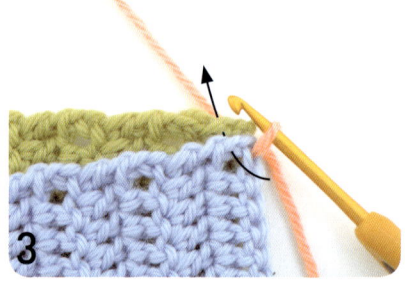

3 화살표처럼 가장자리의 코를 나누어 바늘을 넣습니다.

4 바늘에 실을 걸어 한꺼번에 빼냅니다.

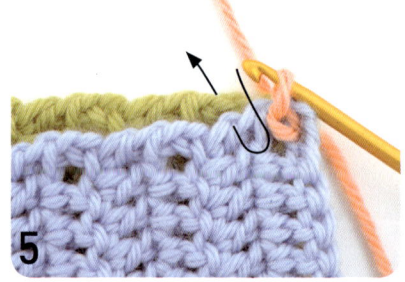

5 빼낸 모습입니다. 계속해서 같은 요령으로 바늘을 넣어 빼뜨기를 뜹니다.

6 같은 요령으로 반복합니다.

7 끝까지 빼낸 모습입니다.

8 꿰맨 부분을 겉쪽에서 본 모습입니다.

사슬뜨기와 빼뜨기로 꿰매기

코바늘을 사용하여 단과 단의 경계선에 바늘을 넣어 빼뜨기를 뜹니다.
다음 단과 단의 경계선까지는 사슬뜨기를 뜹니다. 사슬뜨기의 콧수는 편물에 따라 조절합니다.

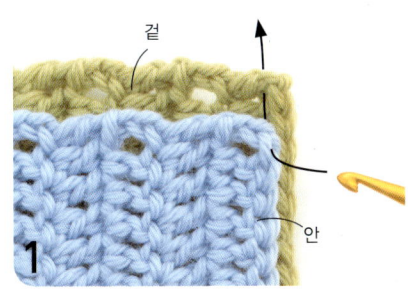

1 2장의 편물을 겉끼리 맞대어 겹친 다음 화살표 방향으로 가장자리의 코에 바늘을 넣습니다.

2 바늘에 실을 걸어 끌어냅니다.

3 바늘에 실을 걸어 빼냅니다.

4 사슬뜨기를 뜹니다.

5 화살표 방향으로 단과 단의 경계선에 바늘을 넣습니다.

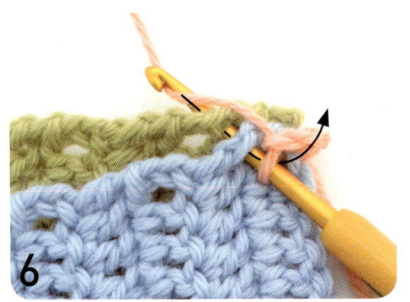

6 바늘에 실을 걸어 한꺼번에 빼냅니다.

7 사슬뜨기를 뜹니다.

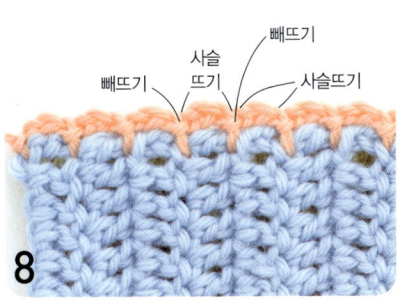

8 같은 요령으로 사슬뜨기와 빼뜨기를 반복합니다.

9 꿰맨 부분을 겉쪽에서 본 모습입니다.

사슬뜨기와 짧은뜨기로 꿰매기

코바늘을 사용하여 단과 단의 경계선에 바늘을 넣어 짧은뜨기를 뜹니다.
다음 단과 단의 경계선까지는 사슬뜨기를 뜹니다. 사슬뜨기의 콧수는 편물에 따라 조절합니다.

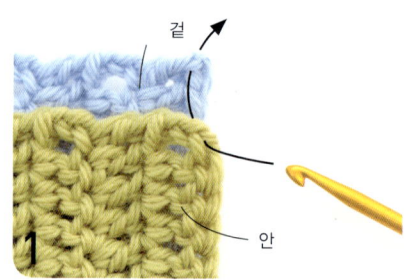

1 2장의 편물을 겉끼리 맞대어 겹친 다음 화살표 방향으로 가장자리의 코에 바늘을 넣습니다.

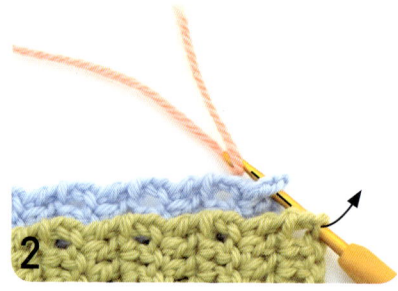

2 바늘에 실을 걸어 끌어냅니다.

3 바늘에 실을 걸어 빼냅니다.

4 기둥코를 1코 뜹니다.

5 1과 같은 위치에 바늘을 넣습니다.

6 바늘에 실을 걸어 끌어냅니다.

7

바늘에 실을 걸어 짧은뜨기를 뜹니다.

8

짧은뜨기를 뜬 모습입니다. 계속해서 사슬뜨기를 뜹니다.

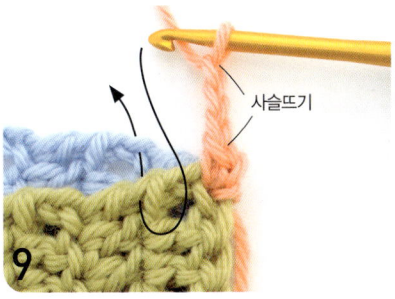

사슬뜨기

9

단과 단의 경계선에 바늘을 넣습니다.

10

짧은뜨기를 뜹니다.

짧은뜨기
사슬뜨기
짧은뜨기
사슬뜨기

11

같은 요령으로 사슬뜨기와 짧은뜨기를 반복합니다.

12

꿰맨 부분을 겉쪽에서 본 모습입니다.

떠서 꿰매기

편물을 나란히 놓고 돗바늘을 사용하여 가장자리의 코를 번갈아 떠서 꿰맵니다.

짧은뜨기의 경우

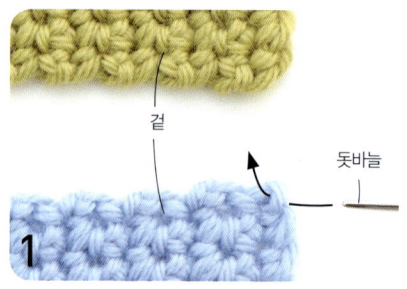

1 2장의 편물의 겉쪽을 보면서 꿰맵니다. 돗바늘에 실을 끼워서 화살표 방향으로 가장자리의 코를 줍습니다.

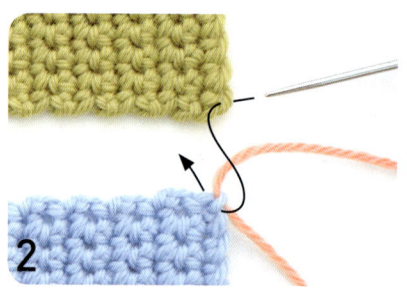

2 화살표 방향으로 2장의 편물을 번갈아 줍습니다.

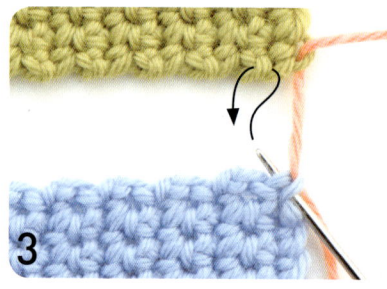

3 같은 요령으로 반복합니다. 단의 경계선과 코의 안쪽을 번갈아 줍습니다.

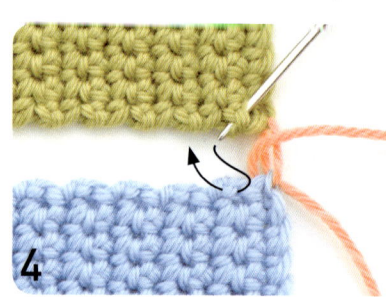

4 같은 요령으로 반복합니다.

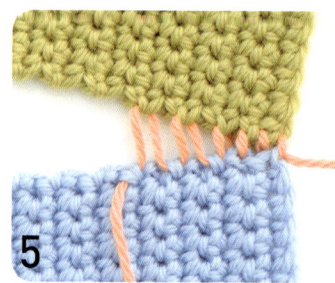

5 도중까지 꿰맨 모습입니다(실제로는 꿰맨 실이 보이지 않게 될 정도까지 조이면서 꿰매나갑니다.).

6 끝까지 꿰맵니다.

한길긴뜨기의 경우

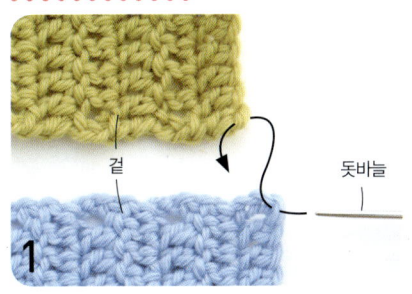

1

2장의 편물의 겉쪽을 보면서 꿰맵니다. 돗바늘에 실을 끼워서 화살표 방향으로 가장자리의 코를 줍습니다.

2

화살표 방향으로 가장자리의 코를 번갈아 주워 나갑니다.

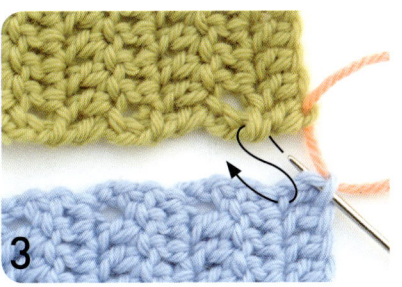

3

같은 요령으로 반복합니다. 한길긴뜨기의 경우에는 단의 높이가 어긋나버리면 표가 나기 때문에 단과 단의 경계선을 반드시 주워서 높이를 일정하게 맞추도록 합니다.

4

같은 요령으로 반복합니다.

5

도중까지 꿰맨 모습입니다(실제로는 꿰맨 실이 보이지 않게 될 정도까지 조이면서 꿰매 나갑니다.).

6

꿰맨 부분을 겉쪽에서 본 모습입니다.

모티브 잇기

모티브는 한 장만으로도 사용하지만 여러 장을 연결해서 사용하면 작품의 폭도 더욱 넓어집니다.
연결하는 방법에는 '모티브의 마지막 단을 뜨면서 잇는 방법'과 '모티브를 완성시킨 뒤에 잇는 방법'이 있습니다.
각각의 모티브의 형태와 편물에 맞는 방법을 선택해서 연결하세요.

모티브의 마지막 단을 뜨면서 잇는 방법

빼뜨기로 잇는 방법

1

첫 번째 장의 모티브를 완성시킵니다.

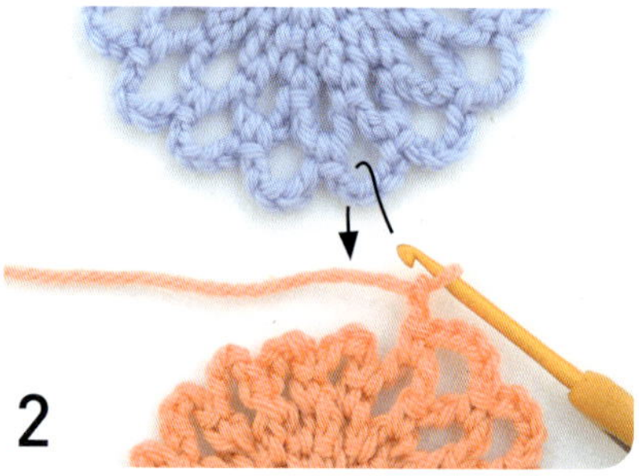

2

두 번째 장의 모티브를 뜬 다음 마지막 단의 연결할 위치의 앞쪽 코까지 뜨고 나면 첫 번째 장의 모티브의 겉쪽에서 화살표처럼 바늘을 넣습니다.

3

바늘에 실을 걸어 빼뜨기를 뜹니다.

4

모티브의 한 부분이 연결되었습니다.

5

이어서 사슬뜨기를 2코 뜬 다음 모티브를 계속 떠 나갑니다.

6

같은 요령으로 다른 한 부분도 연결하고, 마지막 단의 나머지를 완성합니다.

7

두 번째 장의 모티브가 연결되었습니다.

빼뜨기로 잇는 방법(일단 바늘을 빼내는 경우)

일단 바늘을 빼내는 경우와 빼내지 않고 그대로 잇는 경우는 연결할 위치의 겹치는 방법이 겉보기에도 다릅니다.

1

첫 번째 장의 모티브를 완성합니다.

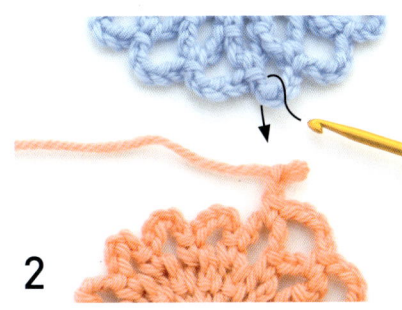

2

두 번째 장의 모티브를 뜹니다. 마지막 단의 연결할 위치의 앞쪽 코까지 뜨고 나면 일단 코바늘을 빼낸 다음, 첫 번째 장의 모티브의 겉쪽으로 화살표처럼 바늘을 넣습니다.

3

빼냈던 코에 한 번 더 바늘을 넣어 화살표 방향으로 끌어냅니다.

4

바늘에 실을 걸어 화살표 방향으로 빼냅니다.

5

모티브의 한 부분이 연결되었습니다.

6

이어서 사슬을 2코 뜬 다음 모티브를 계속 떠 나갑니다.

7

모티브의 마지막 단을 떠 나갑니다.

8

같은 요령으로 다른 한 부분도 연결하고, 마지막 단의 나머지를 완성합니다.

9

두 번째 장의 모티브가 연결되었습니다.

1

첫 번째 장의 모티브를 완성합니다.

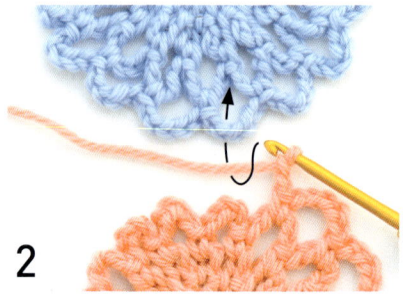

2

두 번째 장의 모티브를 뜹니다. 마지막 단의 연결할 위치의 앞쪽 코까지 뜨고 나면 첫 번째 장의 모티브의 안쪽으로 화살표처럼 바늘을 넣습니다. 이때 바늘은 뜨개실 밑을 지나갑니다.

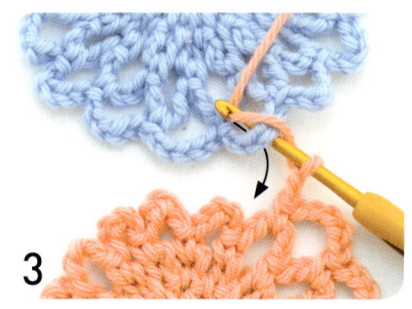

3

바늘에 실을 걸은 다음 화살표 방향으로 끌어냅니다.

4

바늘에 실을 걸고 화살표 방향으로 빼내어 짧은뜨기를 완성시킵니다.

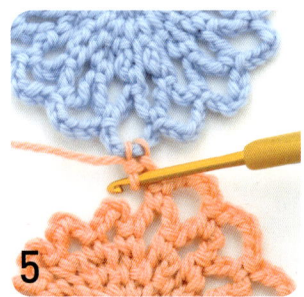

5

모티브의 한 부분이 연결되었습니다.

6

계속해서 모티브를 떠 나갑니다.

7

같은 요령으로 다른 한 부분도 연결하고, 마지막 단의 나머지를 완성합니다.

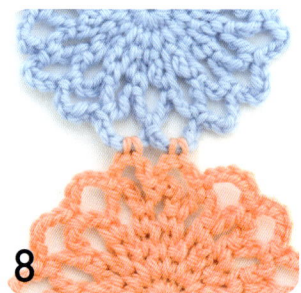

8

두 번째 장의 모티브가 연결되었습니다.

꽃잎의 끝에서 잇는 방법

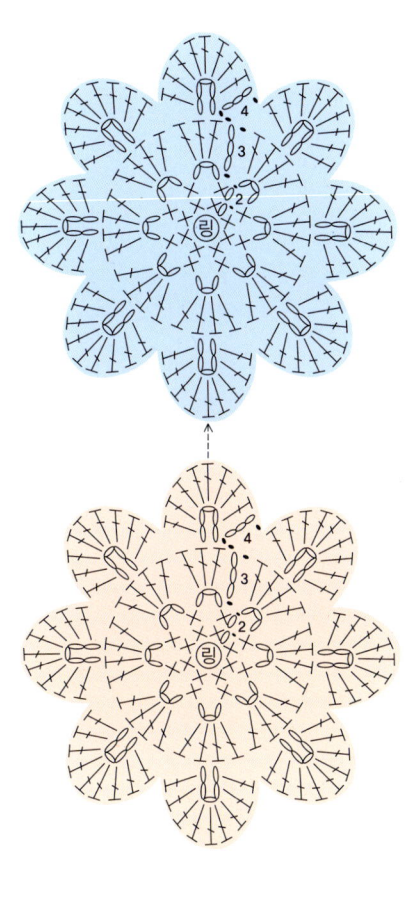

1

첫 번째 장의 모티브를 완성합니다.

2

두 번째 장의 모티브를 뜹니다. 마지막 단의 연결할 위치의 코까지 뜨고 나면 일단 코바늘을 빼낸 다음, 첫 번째 장의 모티브의 연결할 위치의 앞쪽 코에 화살표처럼 바늘을 넣습니다.

3

빼냈던 코에 한 번 더 바늘을 넣어 화살표 방향으로 끌어냅니다.

4

끌어낸 모습입니다. 모티브가 연결되었습니다.

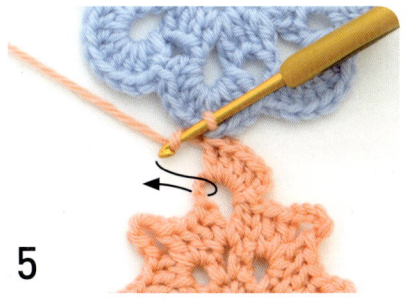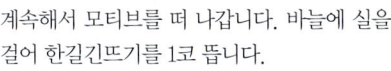

5

계속해서 모티브를 떠 나갑니다. 바늘에 실을 걸어 한길긴뜨기를 1코 뜹니다.

6

한길긴뜨기를 뜬 모습입니다. 모티브의 마지막 단을 완성합니다.

7

두 번째 장의 모티브를 떴습니다.

모티브를 완성시킨 뒤에 잇는 방법

감아서 잇기(P.68 참고)

겉끼리 맞대어 사슬 2가닥을 줍는다

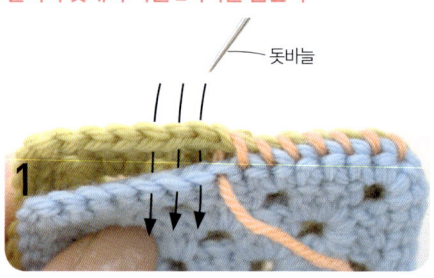

2장의 모티브를 겉끼리 맞대어 겹친 다음 돗바늘에 실을 끼워서 화살표처럼 바늘을 넣고, 머리의 사슬코를 2가닥씩 줍습니다.

이은 부분을 겉쪽에서 본 모습입니다. 2가닥을 주워서 잇기 때문에 이은 부분이 확실하게 안정됩니다.

안끼리 맞대어 사슬 1가닥을 줍는다

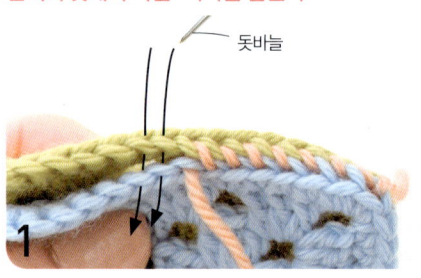

2장의 모티브를 안끼리 맞대어 겹친 다음 돗바늘에 실을 끼워서 화살표처럼 바늘을 넣고, 머리의 사슬코를 1가닥씩 줍습니다.

이은 부분을 겉쪽에서 본 모습입니다. 남은 사슬 1가닥이 줄기와 같은 모양이 됩니다.

빼뜨기로 잇기(P.66 참고)

2장의 모티브를 안끼리 맞대어 겹친 다음 화살표처럼 바늘을 넣고, 머리의 사슬코를 2가닥씩 주워서 빼뜨기를 뜹니다.

이은 부분을 겉쪽에서 본 모습입니다. 이은 부분이 두툼해져서 테두리처럼 됩니다.

짧은뜨기로 잇기(P.67 참고)

2장의 모티브를 안끼리 맞대어 겹친 다음 화살표처럼 바늘을 넣고, 머리의 사슬코를 2가닥씩 주워서 짧은뜨기를 뜹니다.

이은 부분을 겉쪽에서 본 모습입니다. 이은 부분이 두툼해져서 굵은 테두리처럼 됩니다.

5

다양한 뜨개 기법을
소개합니다!

사슬뜨기

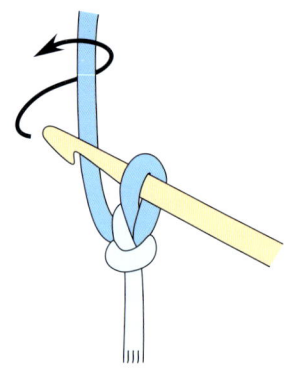

1 화살표 방향으로 바늘에 실을 겁니다.

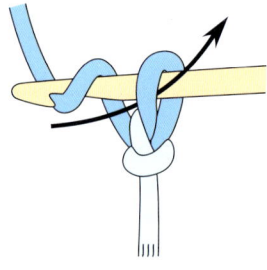

2 화살표 방향으로 실을 빼내어 첫째 코를 뜹니다.

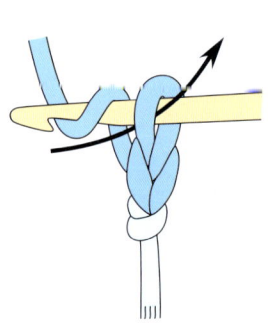

3 같은 요령으로 실을 걸고 화살표 방향으로 빼내어 둘째 코를 뜹니다.

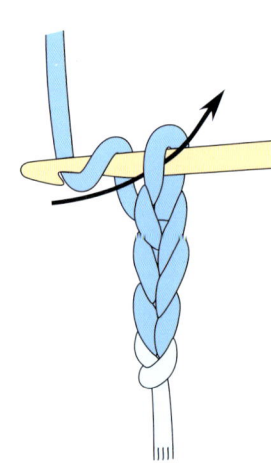

4 같은 요령으로 반복해서 떠 나갑니다.

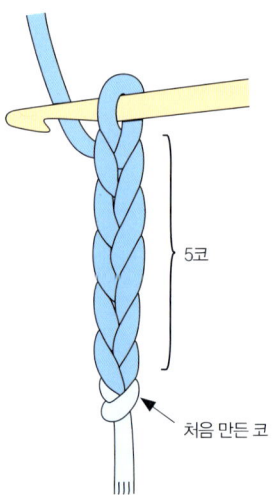

5코

처음 만든 코

5 사슬뜨기를 5코 뜬 모습입니다. 처음 만든 코와 바늘에 걸려 있는 고리는 1코로 세지 않습니다.

 **빼뜨기**

※짧은뜨기의 위에서 뜨는 경우를 예로 들어 설명하고 있습니다.

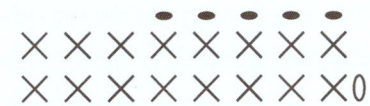

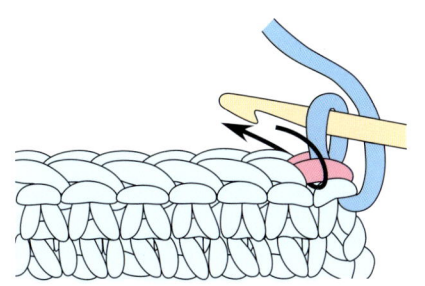

1 화살표처럼 앞단의 코에 바늘을 넣습니다.

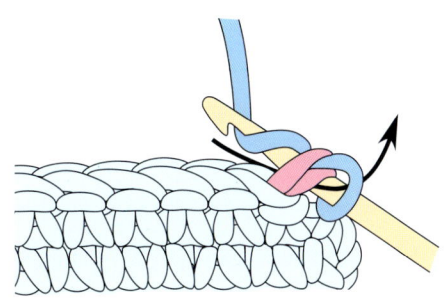

2 바늘에 실을 걸어 화살표 방향으로 모두 빼냅니다.

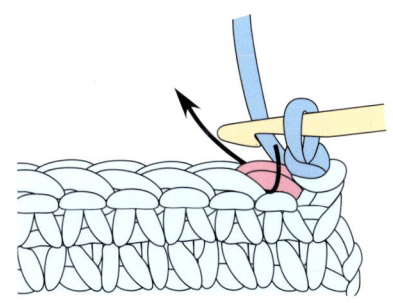

3 빼뜨기를 1코 뜬 모습입니다. 둘째 코도 같은 요령으로 화살표처럼 바늘을 넣고 실을 걸어 빼냅니다.

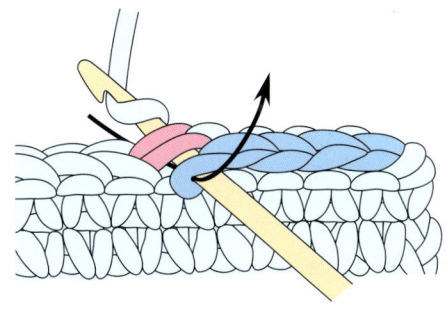

4 같은 요령으로 반복해서 빼뜨기를 뜹니다.

짧은뜨기

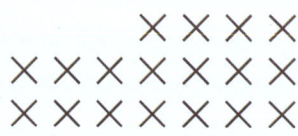

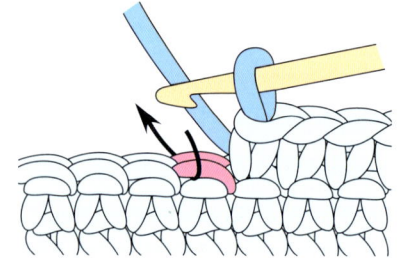

1 화살표처럼 앞단의 코에 바늘을 넣습니다.

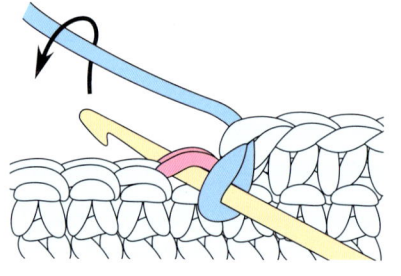

2 화살표처럼 바늘에 실을 겁니다.

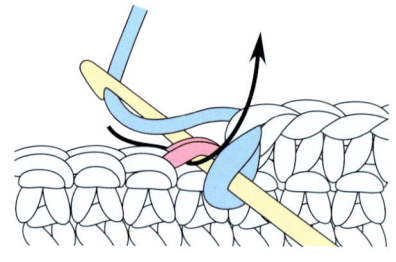

3 화살표 방향으로 끌어냅니다.

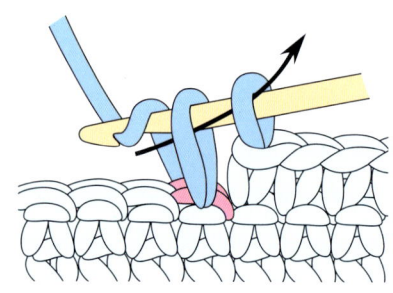

4 바늘에 실을 걸어 화살표 방향으로 모두 빼냅니다.

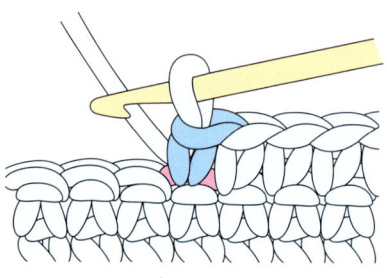

5 짧은뜨기를 떴습니다.

줄기뜨기

※ ⊥ 나 ‡ 등 짧은뜨기 이외의 뜨개코에서도 같은 요령으로 바늘을 넣어 긴뜨기나 한길 긴뜨기를 뜹니다.

※ '줄기뜨기'와 '이랑뜨기'는 같은 기호 ✕를 사용합니다. 뜨는 방법(앞단의 머리 사슬 뒤쪽 1가닥을 주워서 뜬다.)은 똑같지만 '줄기뜨기'는 원형뜨기로 뜰 때, '이랑뜨기'는 왕복뜨기로 뜰 때의 명칭으로, 편물의 모양이 바뀝니다.

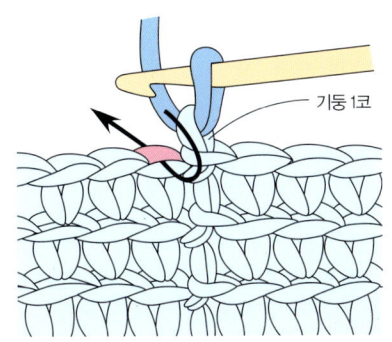

1 기둥코를 1코 뜬 다음 화살표처럼 앞단의 머리 사슬 뒤쪽 1가닥에 바늘을 넣습니다.

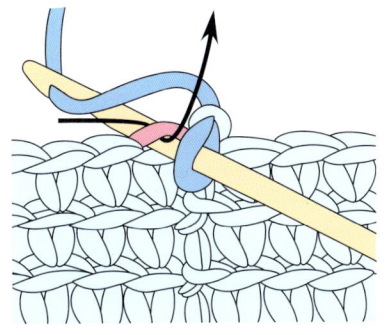

2 바늘에 실을 걸어 화살표 방향으로 끌어냅니다.

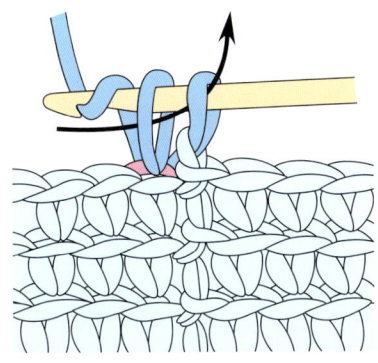

3 바늘에 실을 걸어 화살표 방향으로 모두 빼냅니다.

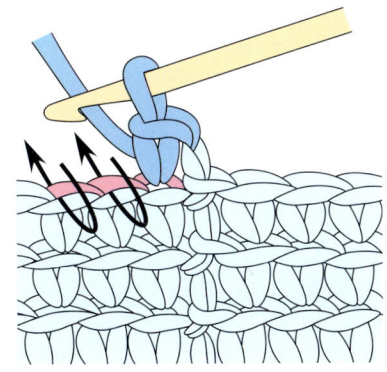

4 줄기뜨기를 1코 뜬 모습입니다. 다음 코도 같은 요령으로 바늘을 넣어 뜹니다.

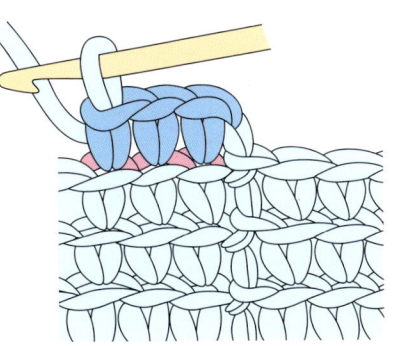

5 앞단의 머리 사슬 앞쪽 1가닥이 줄기 모양으로 나타납니다.

이랑뜨기

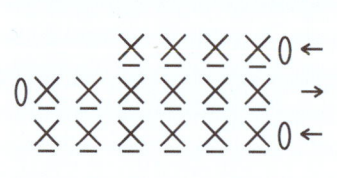

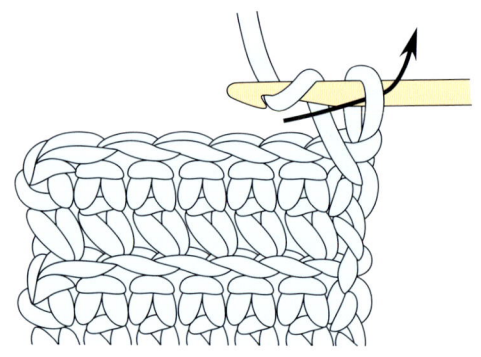

※ '줄기뜨기'와 '이랑뜨기'는 같은 기호 ✕를 사용합니다. 뜨는 방법(앞단의 머리 사슬 뒤쪽 1가닥을 주워서 뜬다.)은 똑같지만 '줄기뜨기'는 원형뜨기로 뜰 때, '이랑뜨기'는 왕복뜨기로 뜰 때의 명칭으로, 편물의 모양이 바뀝니다.

1 기둥코를 1코 뜹니다.

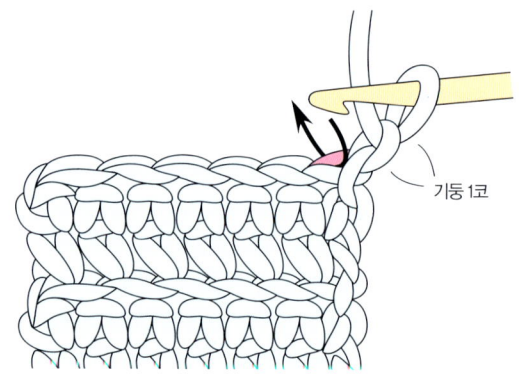

2 화살표 방향으로 앞단의 머리의 사슬코의 뒤쪽 1가닥에 바늘을 넣습니다.

기둥 1코

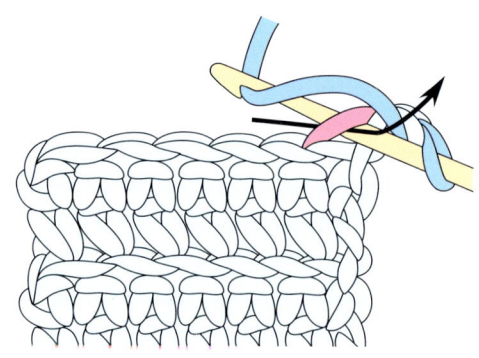

3 바늘에 실을 걸어 화살표 방향으로 끌어 냅니다.

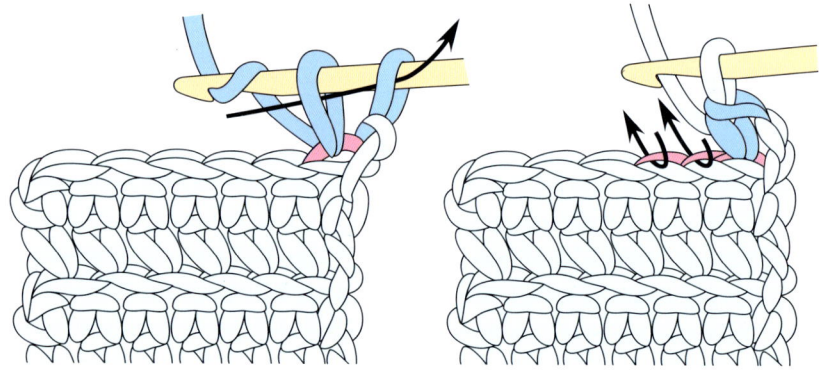

4 바늘에 실을 걸어 화살표 방향으로 모두 빼냅니다.

5 이랑뜨기를 1코 떴습니다. 다음 코도 같은 요령으로 바늘을 넣어 뜹니다.

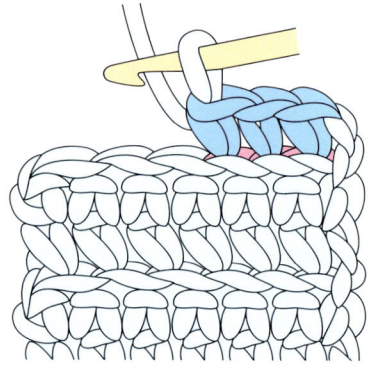

6 왕복뜨기로 매단마다 앞단의 머리 사슬 뒤쪽 1가닥에 바늘을 넣어 계속 떠 나가면 편물에 이랑 모양이 생깁니다.

되돌려 짧은뜨기

※편물의 겉쪽을 보면서 왼쪽에서 오른쪽으로 뜹니다.

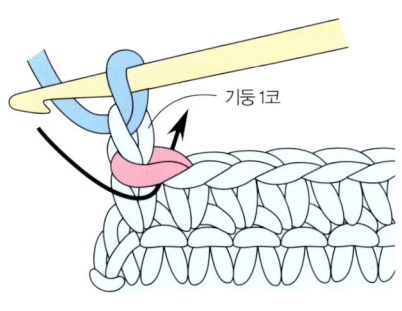

기둥 1코

1 편물의 겉쪽을 보면서 기둥 1코를 뜬 다음 화살표 방향으로 바늘을 넣습니다.

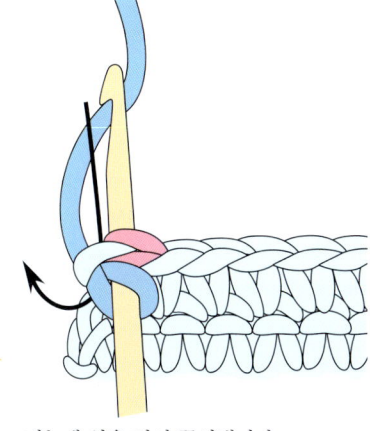

2 바늘에 실을 걸어 끌어냅니다.

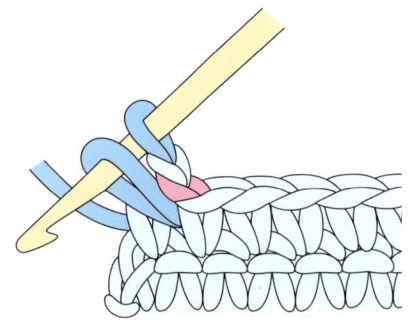

3 실을 끌어낸 모습입니다.

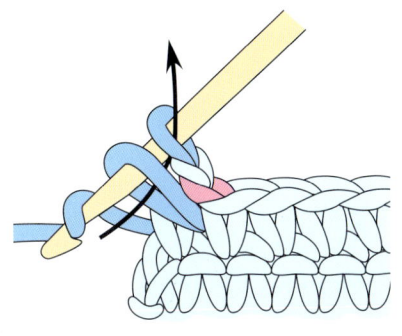

4 바늘에 실을 걸어 화살표 방향으로 모두 빼냅니다.

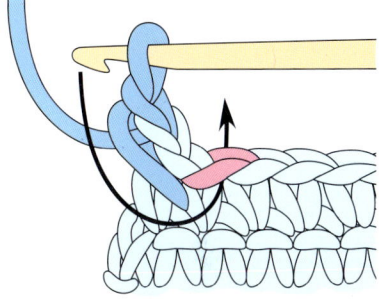

5 되돌려 짧은뜨기를 1코 뜬 모습입니다. 계속해서 화살표 방향으로 바늘을 넣습니다.

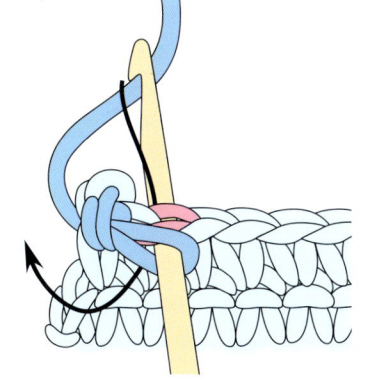

6 바늘에 실을 걸어 끌어냅니다.

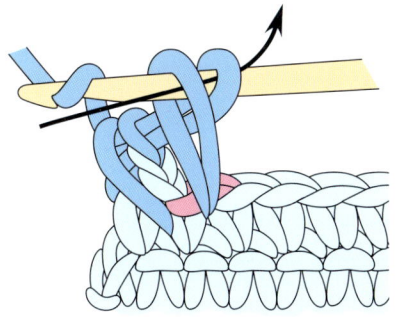

7 바늘에 실을 걸고 모두 빼내어 둘째 코를 뜹니다.

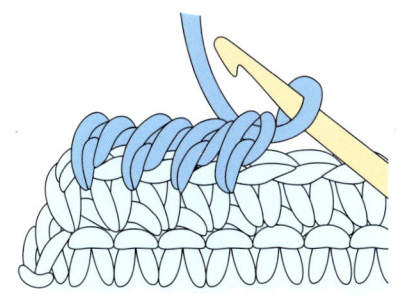

8 5, 6, 7을 반복해서 뜹니다.

긴뜨기

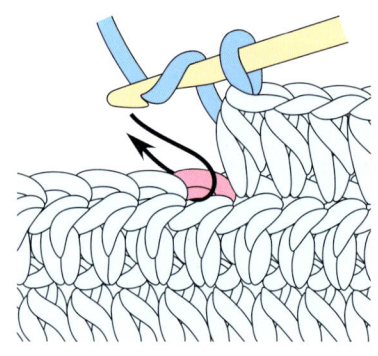

1 바늘에 실을 걸고 화살표처럼 앞단의 코에 바늘을 넣습니다.

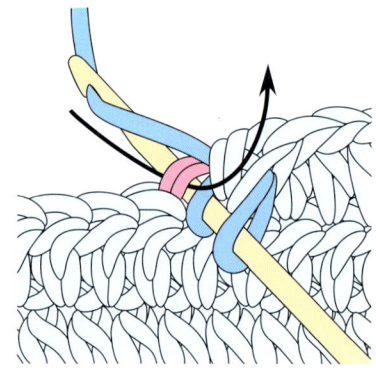

2 바늘에 실을 걸어 화살표 방향으로 끌어냅니다.

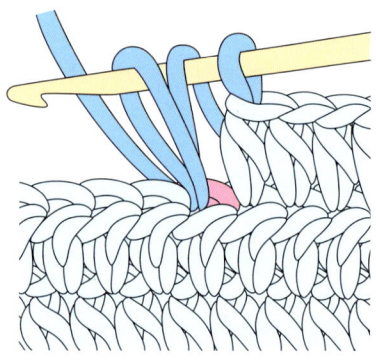

3 실을 끌어낸 모습입니다(끌어내는 실은 조금 길게 **빼놓습니다.**).

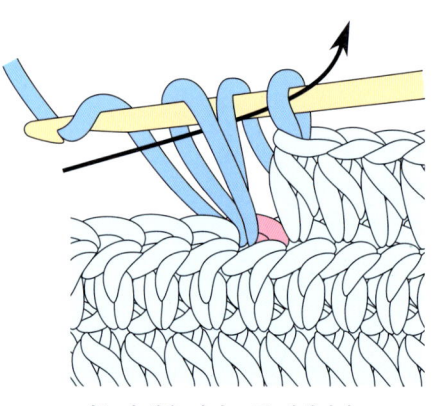

4 바늘에 실을 걸어 모두 **빼냅니다.**

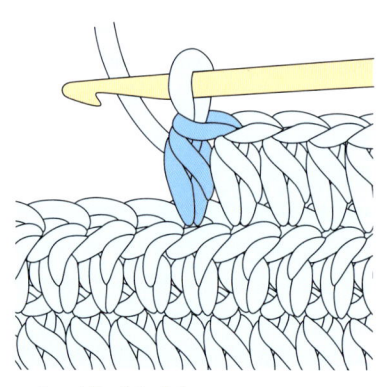

5 긴뜨기를 떴습니다.

 # 한길긴뜨기

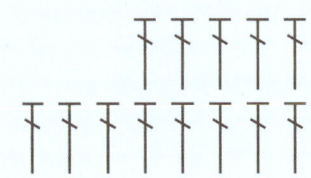

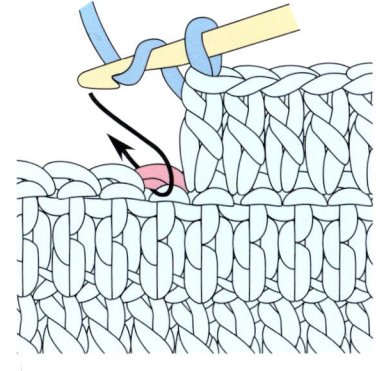

1 바늘에 실을 걸고 화살표처럼 앞단의 코에 바늘을 넣습니다.

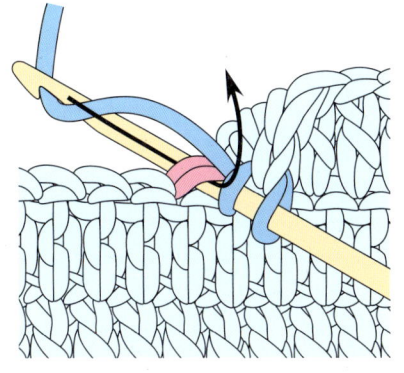

2 바늘에 실을 걸어 화살표 방향으로 끌어냅니다.

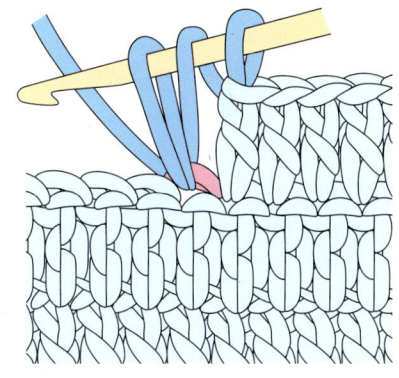

3 실을 끌어낸 모습입니다.

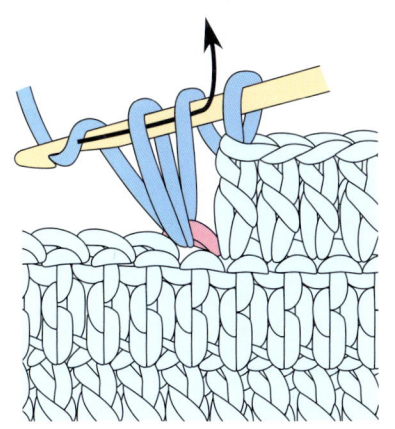

4 바늘에 실을 걸어 화살표처럼 2가닥만 빼냅니다.

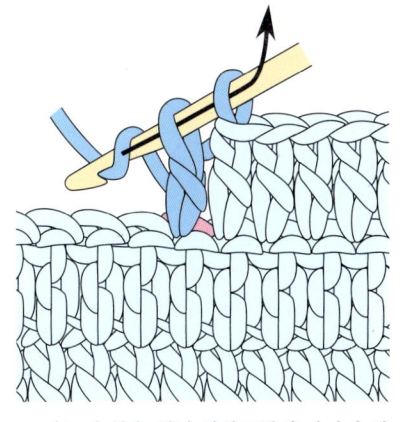

5 바늘에 실을 걸어 화살표처럼 나머지 실을 모두 빼냅니다.

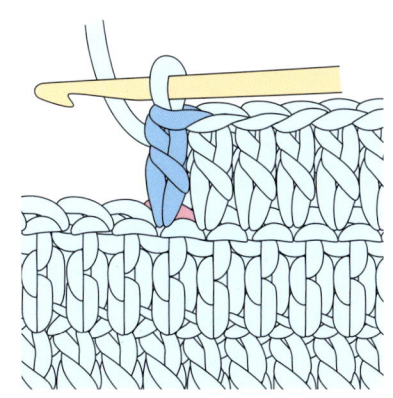

6 한길긴뜨기를 떴습니다.

두길긴뜨기

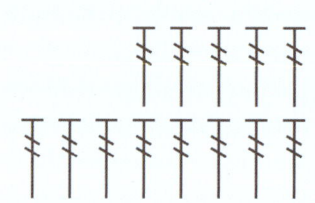

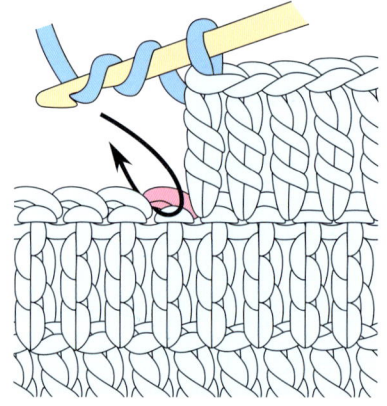

1 바늘에 실을 2번 감고 화살표처럼 앞단의 코에 바늘을 넣습니다.

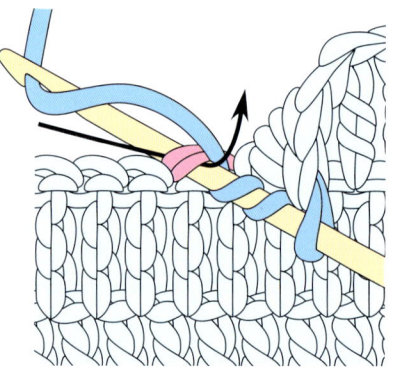

2 바늘에 실을 걸어 화살표 방향으로 끌어냅니다.

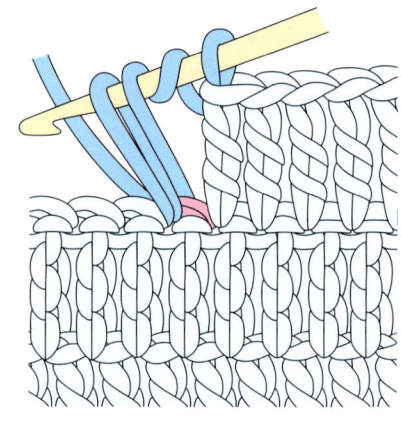

3 실을 끌어낸 모습입니다.

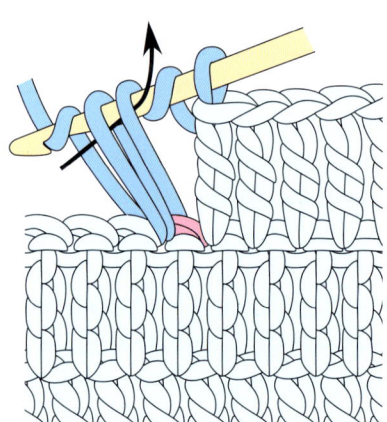

4 바늘에 실을 걸어 화살표처럼 2가닥만 빼냅니다.

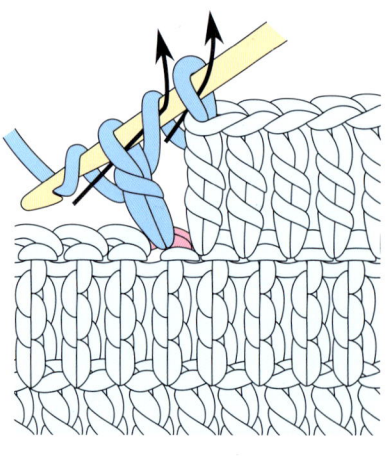

5 바늘에 실을 걸어 나머지 실도 2가닥씩 빼냅니다.

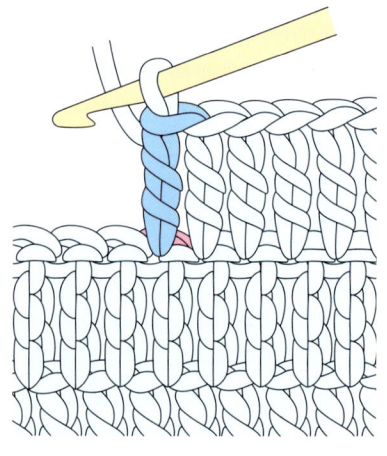

6 두길긴뜨기를 떴습니다.

3번 감아 긴뜨기(세길긴뜨기)

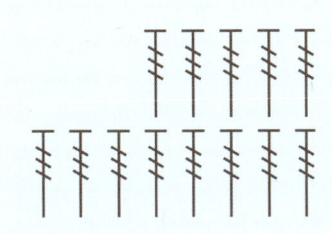

※ '3번 감아 긴뜨기' 이상의 경우에도 바늘에 실을 지정 횟수만큼 감고서 같은 방법으로 뜹니다.

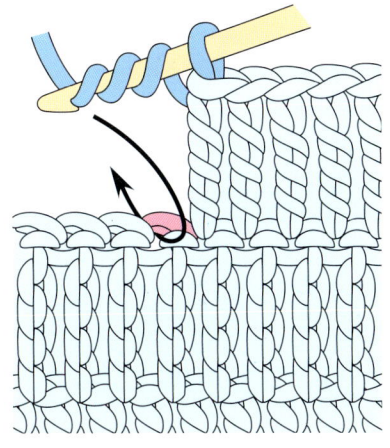

1 바늘에 실을 3번 감고 화살표처럼 앞단의 코에 바늘을 넣습니다.

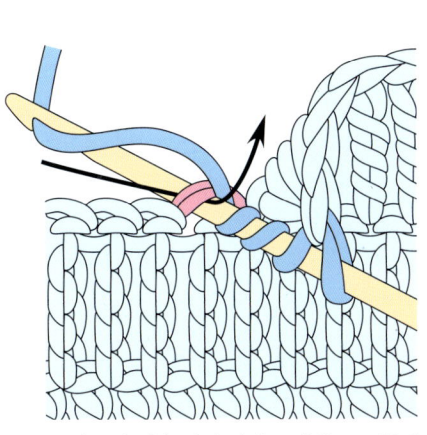

2 바늘에 실을 걸어 화살표 방향으로 끌어냅니다.

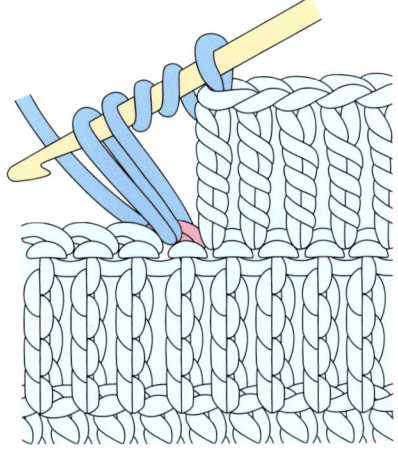

3 실을 끌어낸 모습입니다.

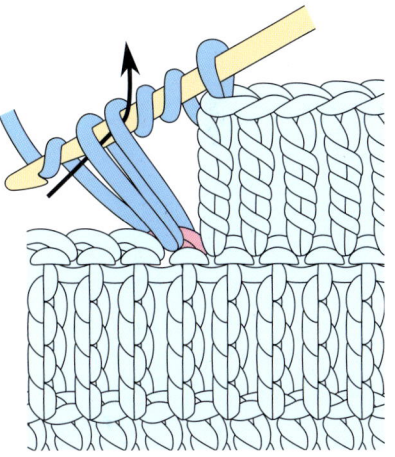

4 바늘에 실을 걸어 화살표처럼 2가닥만 빼냅니다.

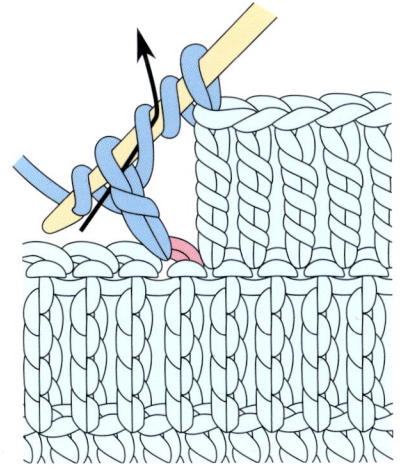

5 바늘에 실을 걸어 화살표처럼 2가닥만 빼냅니다.

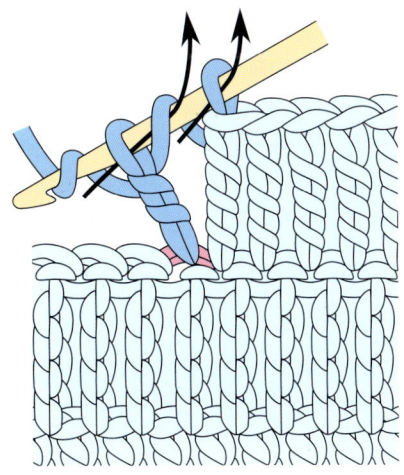

6 같은 요령으로 바늘에 실을 걸어 나머지 실도 2가닥씩 빼냅니다.

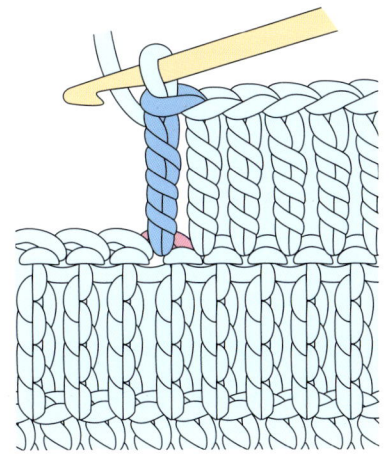

7 3번 감아 긴뜨기를 떴습니다.

 ## 짧은뜨기 2코 넣어뜨기

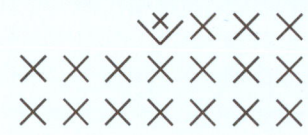

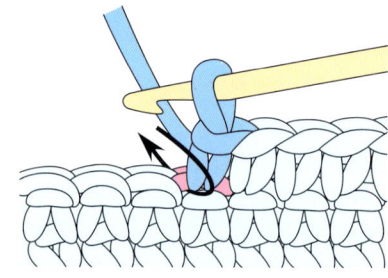

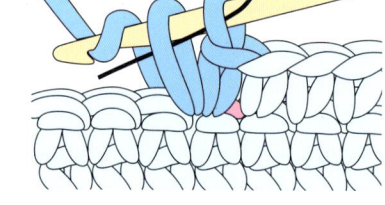

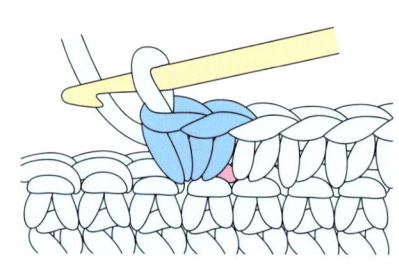

1 짧은뜨기를 1코 뜬 다음 앞단의 같은 코에 화살표처럼 바늘을 넣어 실을 끌어냅니다.

2 바늘에 실을 걸어 화살표 방향으로 빼냅니다.

3 같은 코에 짧은뜨기를 2코 떠 넣었습니다.

 ## 짧은뜨기 3코 넣어뜨기

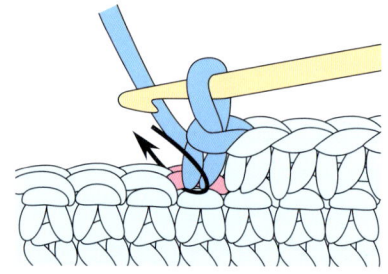

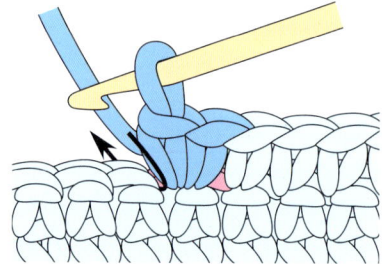

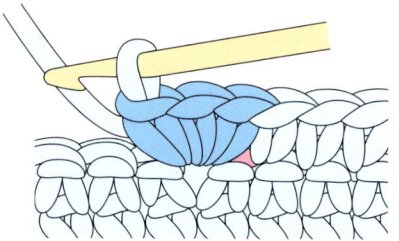

1 짧은뜨기를 1코 뜬 다음 앞단의 같은 코에 화살표처럼 바늘을 넣어 한 번 더 짧은뜨기를 떠 넣습니다.

2 같은 요령으로 같은 코에 바늘을 넣고 한 번 더 짧은뜨기를 떠 넣습니다.

3 같은 코에 짧은뜨기를 3코 떠 넣었습니다.

 ## 긴뜨기 2코 넣어뜨기

※ V 와 $\bigvee$ 의 줍는 법의 차이는 P.103을 참고하세요.

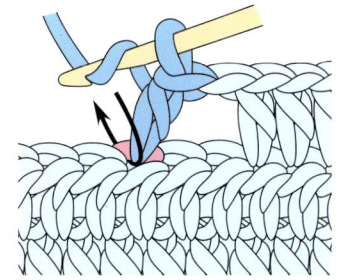

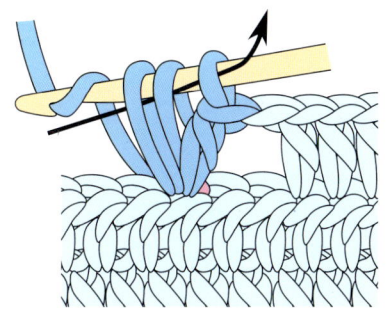

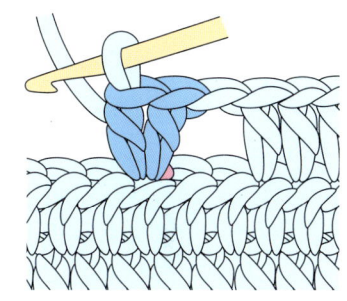

1 긴뜨기를 1코 뜹니다. 바늘에 실을 걸고 앞단의 같은 코에 화살표처럼 바늘을 넣어 실을 끌어냅니다.

2 바늘에 실을 걸고 화살표 방향으로 모두 빼내어 긴뜨기를 뜹니다.

3 같은 코에 긴뜨기를 2코 떠 넣었습니다.

 ## 긴뜨기 3코 넣어뜨기

※ $\bigvee$ 와 $\bigvee\!\!\bigvee$ 의 줍는 법의 차이는 P.103을 참고하세요.

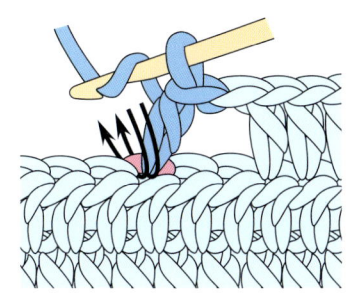

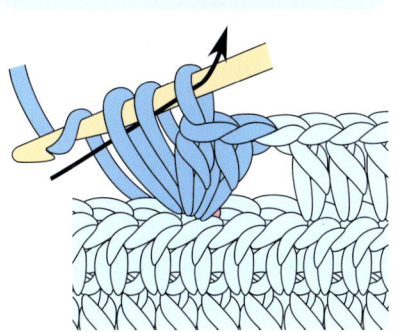

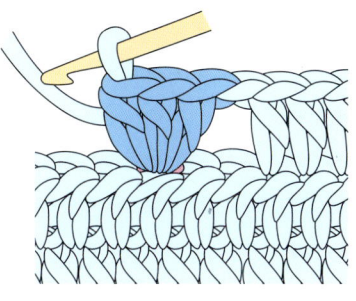

1 긴뜨기를 1코 뜹니다. 바늘에 실을 걸고 앞단의 같은 코에 화살표처럼 바늘을 넣어 긴뜨기를 2코 더 뜹니다.

2 화살표처럼 실을 빼내어 세 번째 긴뜨기를 완성합니다.

3 같은 코에 긴뜨기를 3코 떠 넣었습니다.

 ## 한길긴뜨기 2코 넣어뜨기

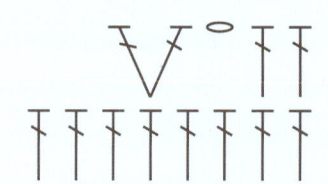

※ V 와 V 의 줄는 법의 차이는 P.103을 참고하세요.

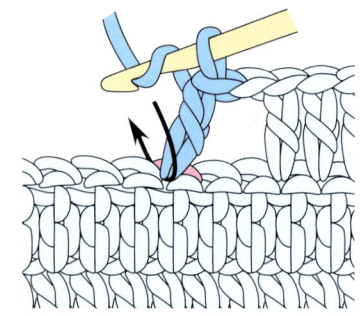

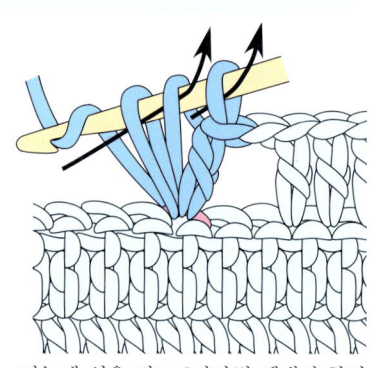

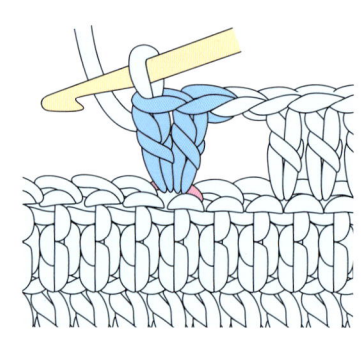

1 한길긴뜨기를 1코 뜹니다. 바늘에 실을 걸고 앞단의 같은 코에 화살표처럼 바늘을 넣어 실을 끌어냅니다.

2 바늘에 실을 걸고 2가닥씩 빼내어 한길긴뜨기를 1코 뜹니다.

3 같은 코에 한길긴뜨기를 2코 떠 넣었습니다.

 ## 한길긴뜨기 3코 넣어뜨기

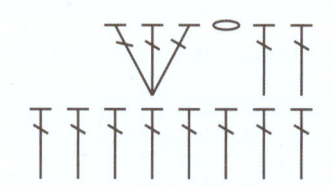

※ V 와 V 의 줄는 법의 차이는 P.103을 참고하세요.

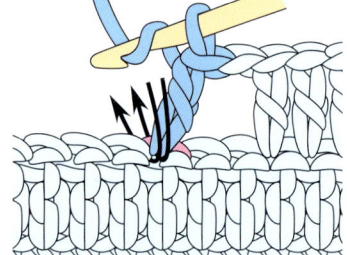

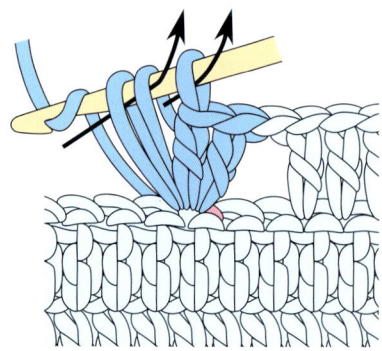

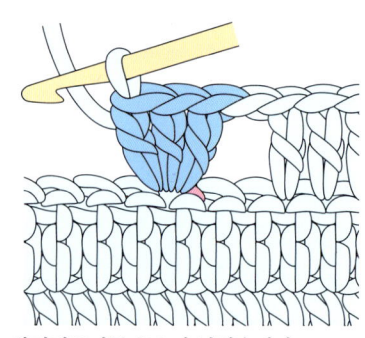

1 한길긴뜨기를 1코 뜹니다. 바늘에 실을 걸고 앞단의 같은 코에 화살표처럼 바늘을 넣어 한길긴뜨기를 2코 더 뜹니다.

2 화살표처럼 실을 빼내어 세 번째 한길긴뜨기를 완성합니다.

3 한길긴뜨기를 3코 떠 넣었습니다.

한길긴뜨기 5코 넣어뜨기

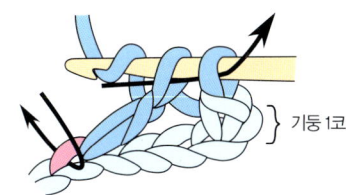

1 기둥 1코와 짧은뜨기를 1코 뜬 다음 넷째 코의 사슬에 한길긴뜨기를 5코 떠 넣습니다.

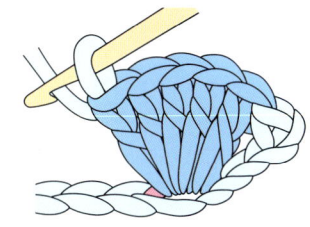

2 한길긴뜨기를 5코 떠 넣은 모습입니다.

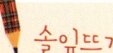 **솔잎뜨기**

'한길긴뜨기 5코 넣어뜨기'를 떠 넣어서 만드는 솔잎뜨기를 소개합니다.

1 '한길긴뜨기 5코 넣어뜨기'의 1, 2를 뜹니다.

2 넷째 코에 화살표처럼 바늘을 넣어 짧은뜨기를 1코 뜹니다.

3 짧은뜨기를 1코 뜬 모습입니다. 같은 요령으로 한길긴뜨기 5코와 짧은뜨기 1코를 반복해서 첫째 단을 뜹니다.

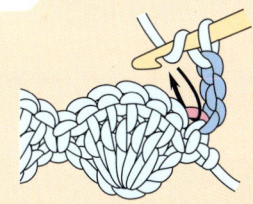

4 다음 단은 기둥 3코를 만든 뒤에 앞단의 짧은뜨기 머리에 화살표처럼 바늘을 넣어 한길긴뜨기를 2코 뜹니다.

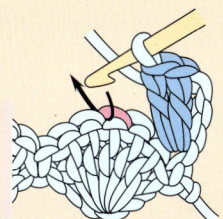

5 한길긴뜨기를 2코 뜬 모습입니다. 앞단의 한길긴뜨기 5코 중 가운데 코에 화살표처럼 바늘을 넣어 짧은뜨기를 1코 뜹니다.

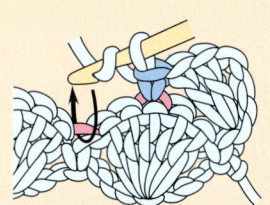

6 짧은뜨기를 1코 뜬 모습입니다. 바늘에 실을 걸고 앞단의 짧은뜨기 머리에 화살표처럼 바늘을 넣어 한길긴뜨기를 5코 뜹니다.

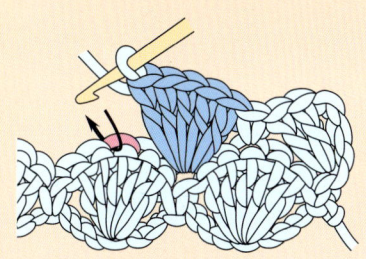

7 한길긴뜨기를 5코 떠 넣은 모습입니다. 5, 6을 반복해서 떠 나갑니다.

 ## 짧은뜨기 2코 모아뜨기

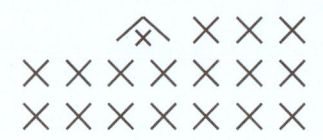

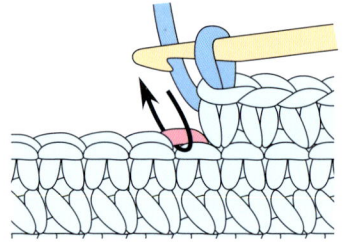

1 화살표처럼 앞단의 코에 바늘을 넣어 실을 끌어냅니다.

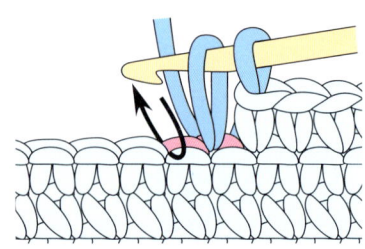

2 같은 요령으로 다음 코에도 화살표처럼 바늘을 넣어 실을 끌어냅니다.

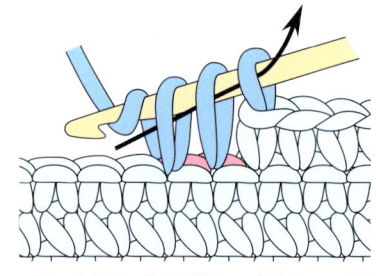

3 바늘에 실을 걸어 화살표 방향으로 모두 빼냅니다.

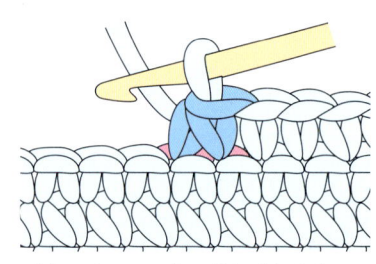

4 짧은뜨기 2코 모아뜨기를 떴습니다.

 ## 짧은뜨기 3코 모아뜨기

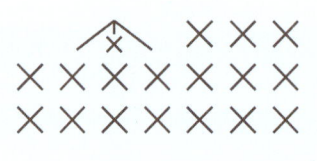

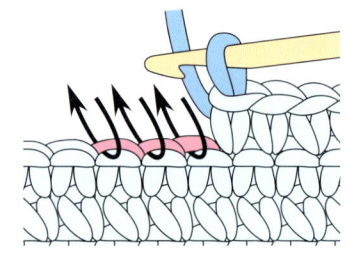

1 화살표처럼 앞단의 코에 바늘을 넣어 실을 3번 끌어냅니다.

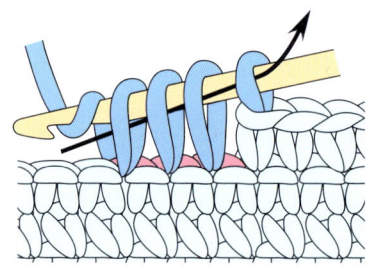

2 바늘에 실을 걸어 화살표 방향으로 모두 빼냅니다.

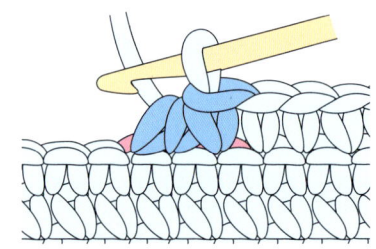

3 짧은뜨기 3코 모아뜨기를 떴습니다.

긴뜨기 2코 모아뜨기

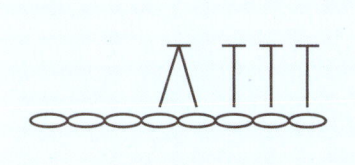

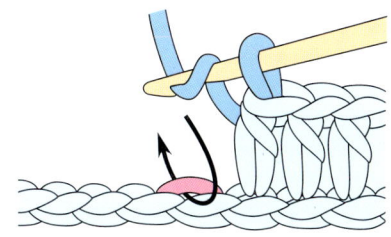

1 바늘에 실을 걸고 화살표처럼 바늘을 넣어 실을 끌어냅니다(끌어내는 실은 조금 길게 빼놓습니다.).

※ '미완성'이란 바늘에 걸려 있는 실을 한 번 더 빼내야만 뜨개코가 완성되는 상태를 말합니다.

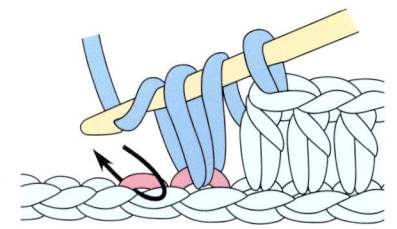

2 미완성의 긴뜨기를 1코 뜬 모습입니다. 바늘에 실을 걸고 화살표처럼 바늘을 넣어 같은 요령으로 실을 끌어냅니다.

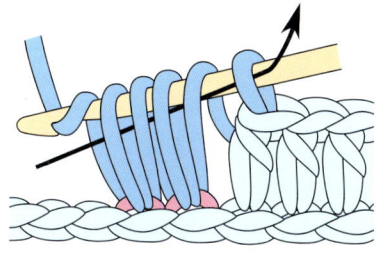

3 미완성의 긴뜨기를 2코 뜬 모습입니다. 바늘에 실을 걸어 화살표 방향으로 모두 빼냅니다.

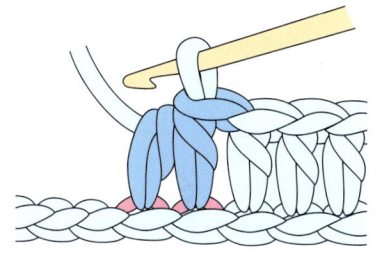

4 긴뜨기 2코 모아뜨기를 떴습니다.

긴뜨기 3코 모아뜨기

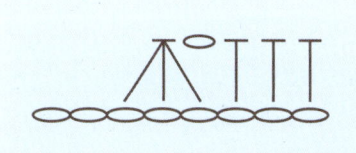

※ '미완성'이란 바늘에 걸려 있는 실을 한 번 더 빼내야만 뜨개코가 완성되는 상태를 말합니다.

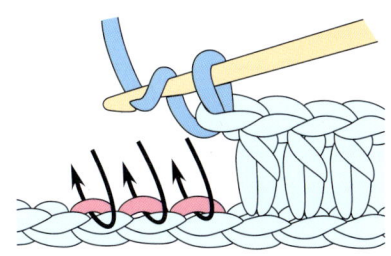

1 바늘에 실을 건 다음 화살표처럼 바늘을 넣고 실을 빼내어 미완성의 긴뜨기를 3코 뜹니다(끌어내는 실은 조금 길게 빼놓습니다.).

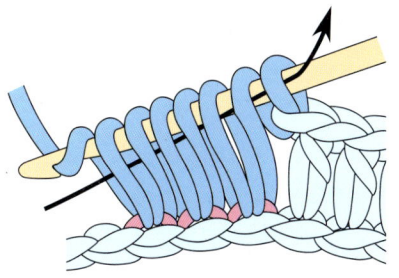

2 미완성의 긴뜨기를 3코 뜬 모습입니다. 바늘에 실을 걸어 화살표 방향으로 모두 빼냅니다.

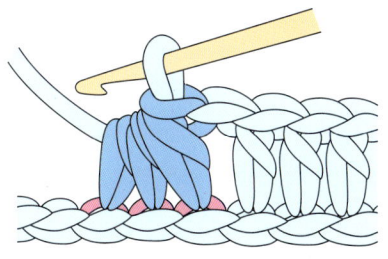

3 긴뜨기 3코 모아뜨기를 떴습니다.

 # 한길긴뜨기 2코 모아뜨기

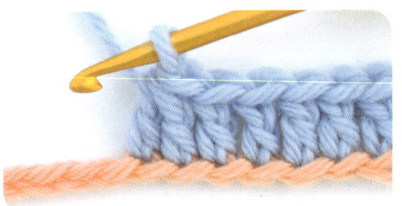

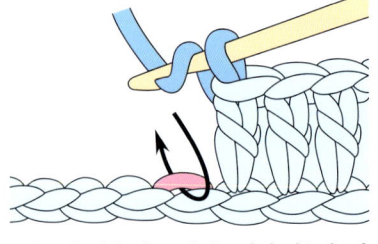

1 바늘에 실을 걸고 화살표처럼 바늘을 넣어 미완성의 한길긴뜨기를 1코 뜹니다.

※ '미완성'이란 바늘에 걸려 있는 실을 한 번 더 빼내야만 뜨개코가 완성되는 상태를 말합니다.

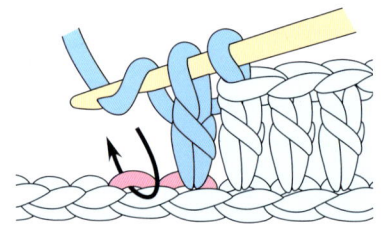

2 바늘에 실을 걸고 화살표처럼 바늘을 넣어 미완성의 한길긴뜨기를 1코 더 뜹니다.

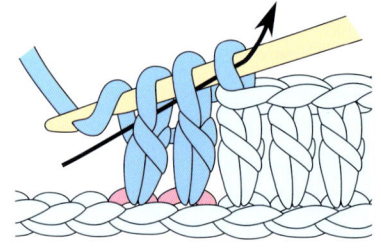

3 바늘에 실을 걸어 화살표 방향으로 한꺼번에 빼냅니다.

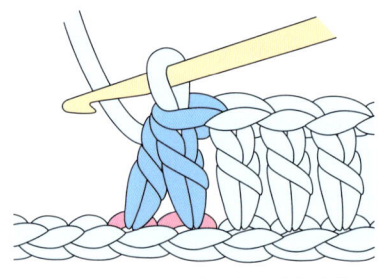

4 한길긴뜨기 2코 모아뜨기를 떴습니다.

 # 한길긴뜨기 3코 모아뜨기

※ '미완성'이란 바늘에 걸려 있는 실을 한 번 더 빼내야만 뜨개코가 완성되는 상태를 말합니다.

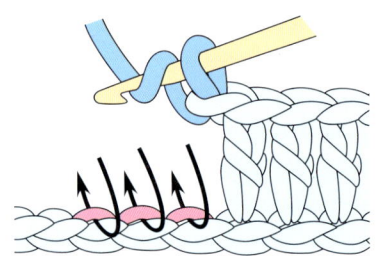

1 바늘에 실을 걸고 화살표처럼 바늘을 넣어 미완성의 한길긴뜨기를 3코 뜹니다.

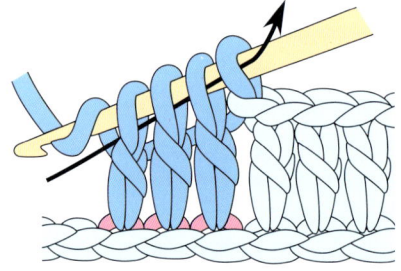

2 미완성의 한길긴뜨기를 3코 뜬 모습입니다. 바늘에 실을 걸어 화살표 방향으로 한꺼번에 빼냅니다.

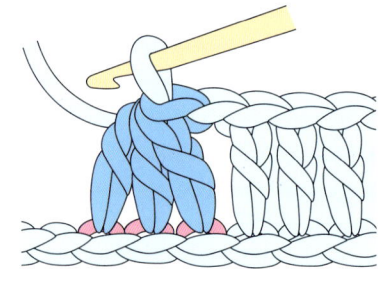

3 한길긴뜨기 3코 모아뜨기를 떴습니다.

한길긴뜨기 교차뜨기

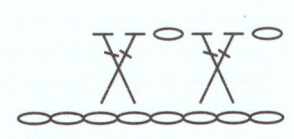

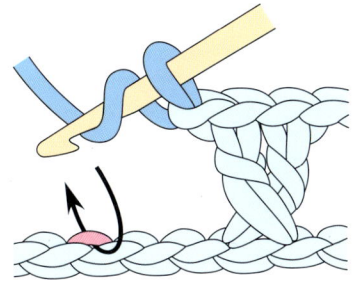

1 바늘에 실을 건 다음 교차시킬 왼쪽 사슬코에 화살표처럼 바늘을 넣어 실을 끌어냅니다.

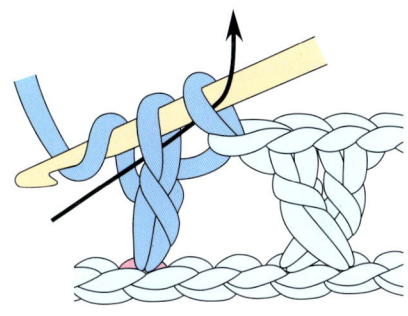

2 바늘에 실을 걸고 2가닥씩 빼내어 한길긴 뜨기를 1코 뜹니다.

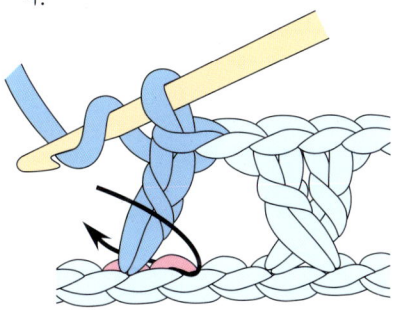

3 바늘에 실을 걸고 1에서 바늘을 넣었던 코의 오른쪽 사슬코에 화살표처럼 바늘을 넣어 2에서 떴던 한길긴뜨기를 감싸듯이 실을 끌어냅니다.

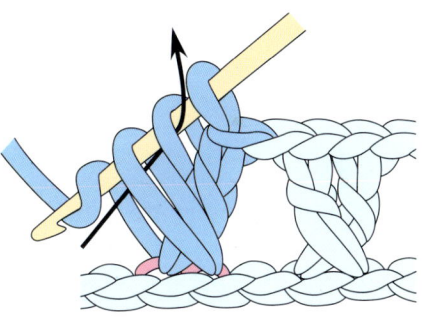

4 바늘에 실을 걸고 화살표처럼 2가닥만 빼냅니다.

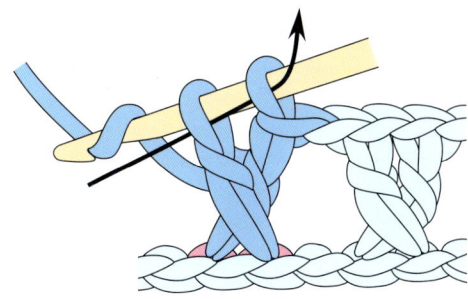

5 바늘에 실을 걸고 화살표처럼 나머지 실을 모두 빼냅니다.

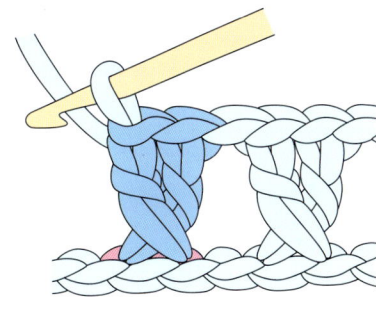

6 한길긴뜨기 교차뜨기를 떴습니다.

긴뜨기 3코 구슬뜨기

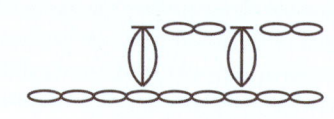

※  와 의 줍는 법의 차이는 P.103을 참고하세요.

※ '미완성'이란 바늘에 걸려 있는 실을 한 번 더 빼내야만 뜨개코가 완성되는 상태를 말합니다.

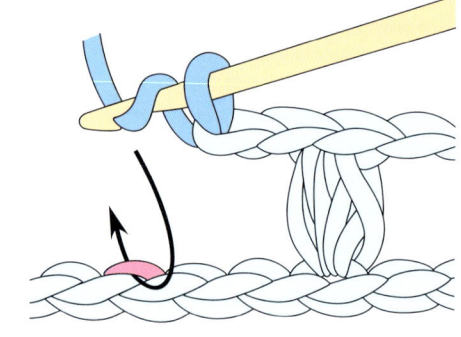

1 바늘에 실을 걸고 화살표처럼 바늘을 넣어 실을 끌어냅니다(끌어내는 실은 조금 길게 빼놓습니다.).

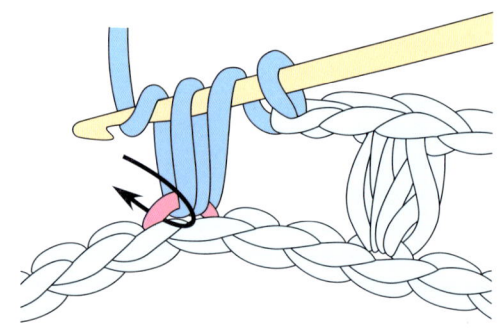

2 실을 끌어낸 모습입니다. 이 상태를 '미완성의 긴뜨기'라고 합니다. 계속해서 바늘에 실을 걸고 1과 같은 코에 바늘을 넣어 실을 끌어냅니다.

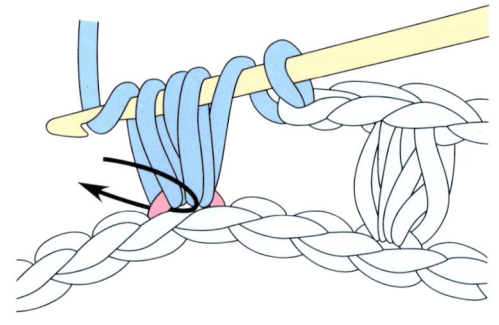

3 미완성의 긴뜨기를 2코 뜨는 모습입니다. 계속해서 바늘에 실을 걸고 같은 코에 화살표처럼 바늘을 넣어 실을 끌어냅니다.

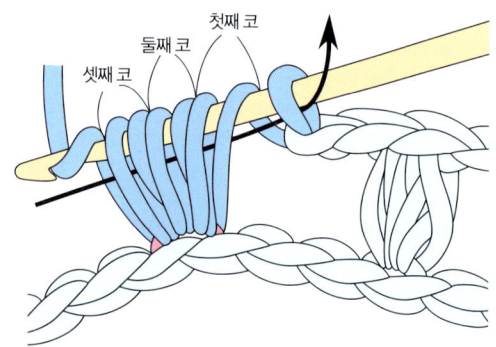

4 미완성의 긴뜨기를 3코 뜬 모습입니다. 바늘에 실을 걸어 화살표 방향으로 모두 빼냅니다.

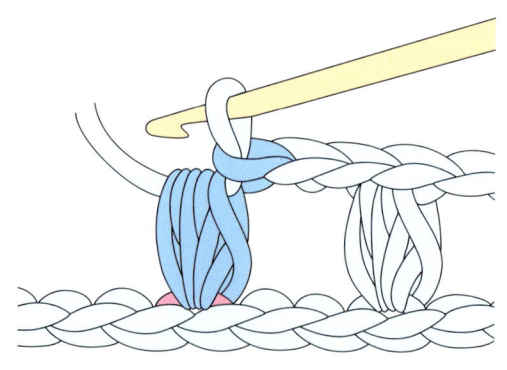

5 긴뜨기 3코 구슬뜨기를 떴습니다.

'나누어 뜨기'와 '묶음으로 뜨기'의 차이

2코 이상의 코를 떠 넣는 기호에는 기호의 아래쪽이 붙어 있는 것과 벌어져 있는 것이 있습니다.
앞단에 떠 넣을 때 코를 나누어 떠 넣느냐, 모두 주워서 뜨느냐의 차이를 나타냅니다.

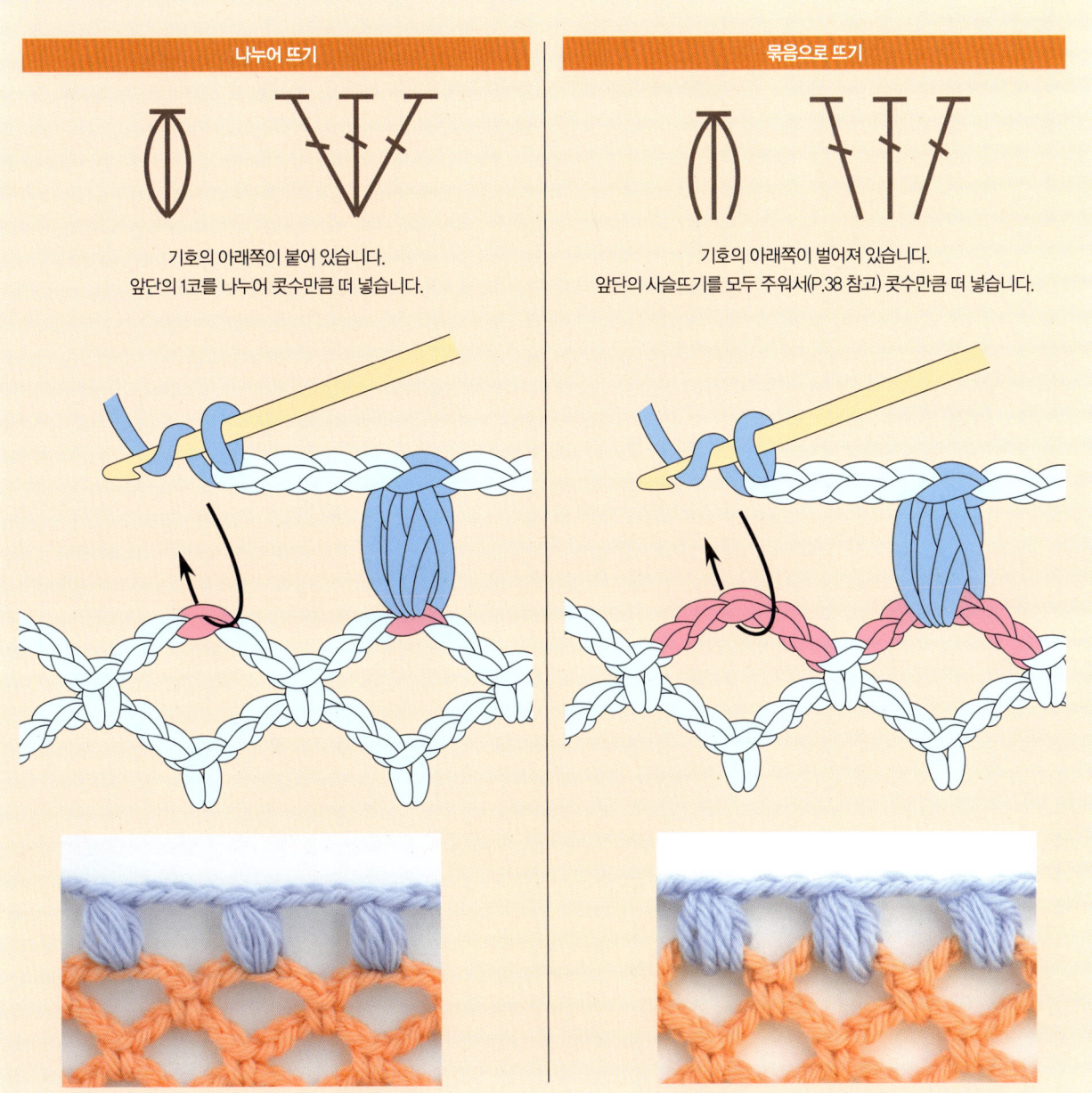

나누어 뜨기	묶음으로 뜨기
기호의 아래쪽이 붙어 있습니다. 앞단의 1코를 나누어 콧수만큼 떠 넣습니다.	기호의 아래쪽이 벌어져 있습니다. 앞단의 사슬뜨기를 모두 주워서(P.38 참고) 콧수만큼 떠 넣습니다.

한길긴뜨기 3코 구슬뜨기

※ 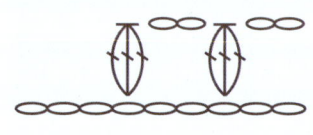 와 의 줍는 법의 차이는 P.103을 참고하세요.

※ '미완성'이란 바늘에 걸려 있는 실을 한 번 더 빼내야만 뜨개코가 완성되는 상태를 말합니다.

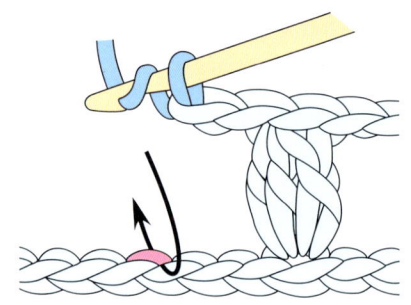

1 바늘에 실을 걸고 화살표처럼 바늘을 넣어 실을 끌어냅니다.

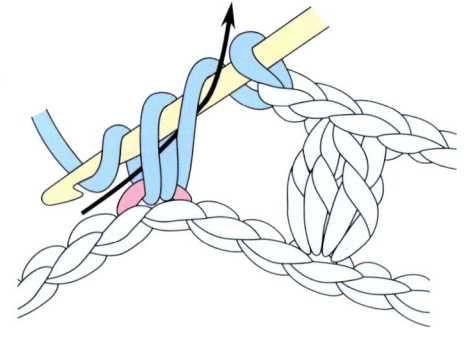

2 바늘에 실을 걸어 화살표처럼 2가닥만 빼냅니다.

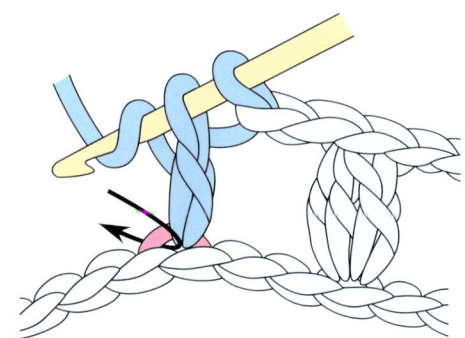

3 실을 빼낸 모습입니다. 이 상태를 '미완성의 한 길긴뜨기'라고 합니다. 계속해서 바늘을 걸어 1, 2와 같은 요령으로 뜹니다.

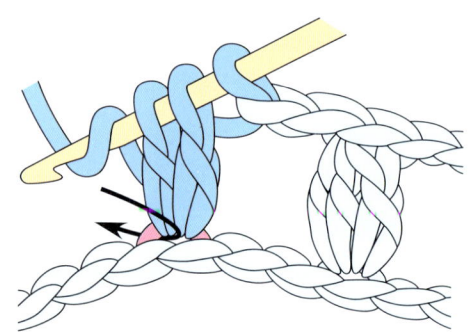

4 미완성의 한길긴뜨기를 2코 뜬 모습입니다. 같은 요령으로 같은 코에 미완성의 한길긴뜨기를 1코 더 떠 넣습니다.

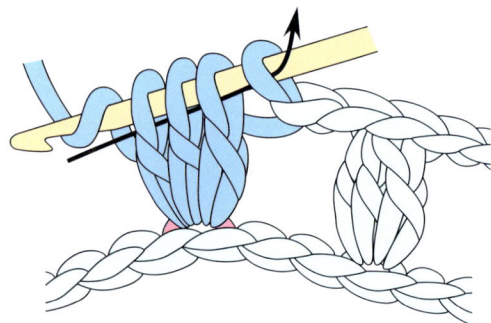

5 미완성의 한길긴뜨기를 3코 뜬 모습입니다. 바늘에 실을 걸어 화살표 방향으로 모두 빼냅니다.

6 한길긴뜨기 3코 구슬뜨기를 떴습니다.

긴뜨기 3코 변형 구슬뜨기

※ 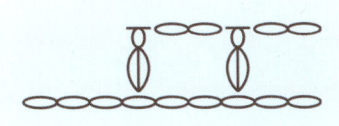 와 의 줍는 법의 차이
는 P.103을 참고하세요.

※ '미완성'이란 바늘에 걸려 있
는 실을 한 번 더 빼내야만 뜨개
코가 완성되는 상태를 말합니다.

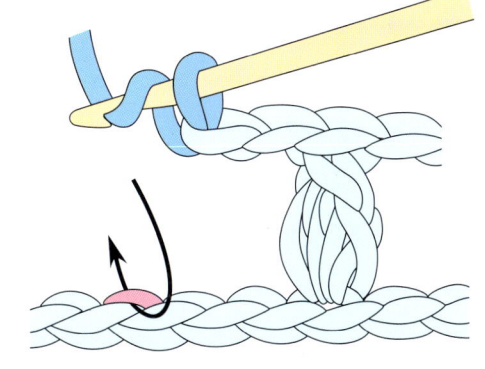

1 바늘에 실을 걸고 화살표처럼 바늘을 넣어 실을
끌어냅니다(끌어내는 실은 조금 길게 빼놓습니
다.).

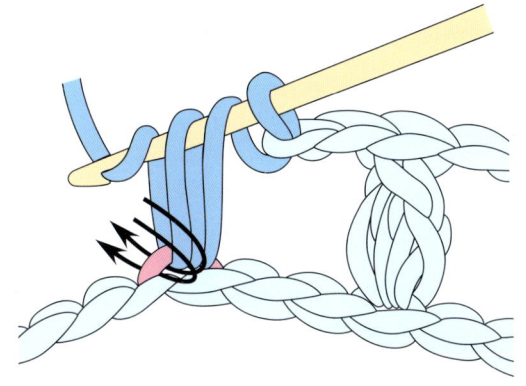

2 실을 끌어낸 모습입니다. 이 상태를 '미완성의
긴뜨기'라고 합니다. 계속해서 바늘에 실을 걸고
1과 같은 코에 바늘을 넣어 실을 2번 더 끌어냅
니다.

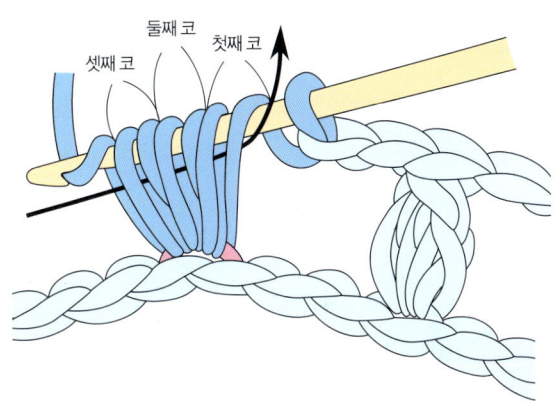

셋째 코　둘째 코　첫째 코

3 미완성의 긴뜨기를 3코 뜬 모습입니다. 바늘에
실을 걸어 화살표처럼 긴뜨기만을 빼냅니다.

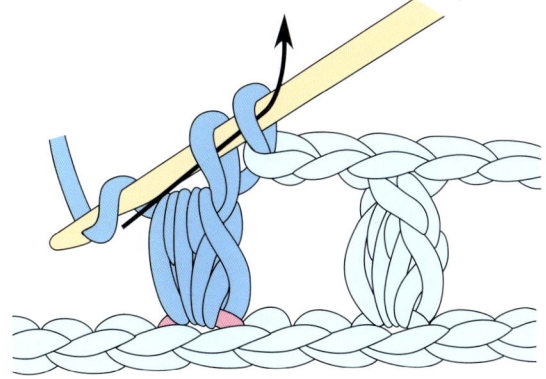

4 바늘에 실을 걸고 화살표처럼 나머지 실을 모두
빼냅니다.

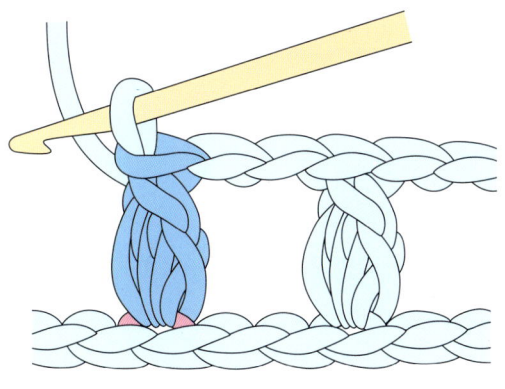

5 긴뜨기 3코 변형 구슬뜨기를 떴습니다.

한길긴뜨기 5코 팝콘뜨기

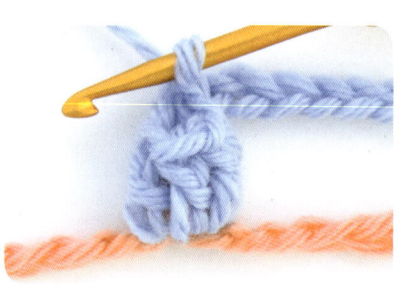

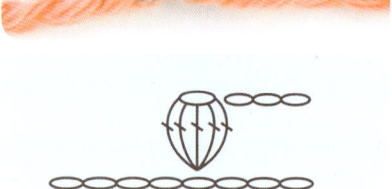

※  와 의 줍는 법의 차이는 P.103을 참고하세요.

1 앞단의 같은 코에 한길긴뜨기를 5코 떠 넣습니다.

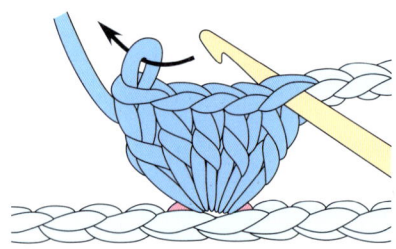

2 코바늘에 걸려 있는 고리를 일단 빼내서 쉽게 해두고 첫째 코의 한길긴뜨기 머리 사슬 2가닥에 바늘을 넣습니다. 화살표처럼 쉽게 해둔 고리에 바늘을 넣습니다.

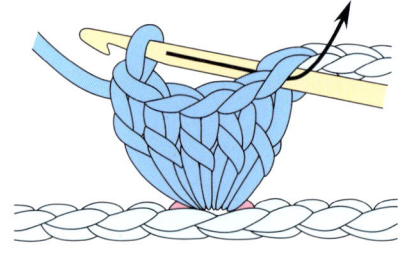

3 화살표처럼 바늘에 걸려 있는 고리를 끌어냅니다.

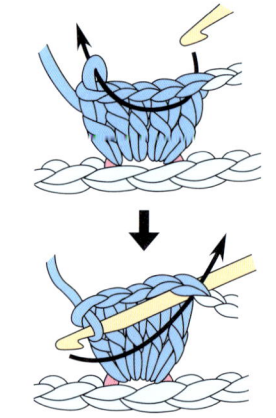

편물의 안쪽을 보며 뜨는 단에서는 겉쪽에서 봤을 때 뜨개코가 겉쪽으로 볼록해지도록 하기 위해서 그림처럼 뜹니다.

바늘을 겉쪽에서 넣어 같은 요령으로 뜹니다.

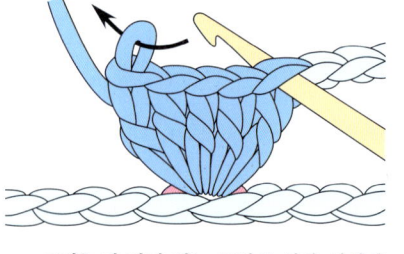

4 바늘에 실을 걸고 화살표 방향으로 빼내어 확실히 조입니다.

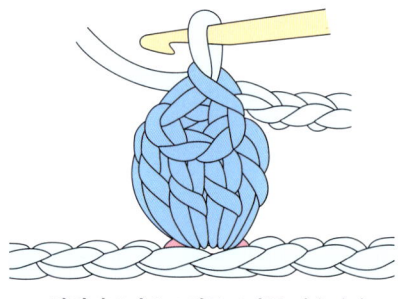

5 한길긴뜨기 5코 팝콘뜨기를 떴습니다.

짧은뜨기 앞걸어뜨기

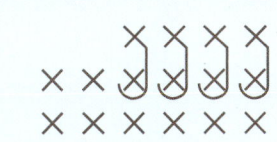

※편물의 안쪽을 보며 뜨는 단에서는 겉쪽에서 봤을 때 ⌣가 되도록 ⌣(짧은뜨기 뒤걸어뜨기, P.108 참고)를 뜹니다.

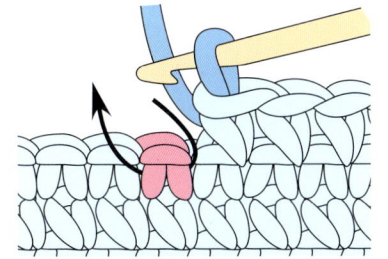

1 화살표처럼 앞단의 코의 다리를 줍듯이 편물의 앞쪽에서 바늘을 넣습니다.

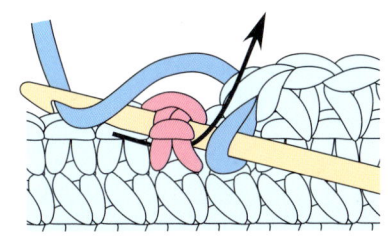

2 바늘에 실을 걸어 화살표 방향으로 끌어 냅니다.

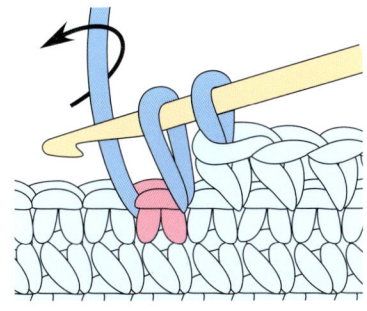

3 실을 끌어낸 모습입니다. 화살표처럼 바늘에 실을 겁니다.

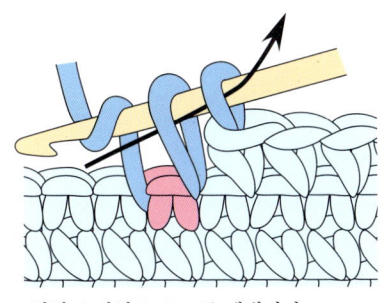

4 화살표 방향으로 모두 빼냅니다.

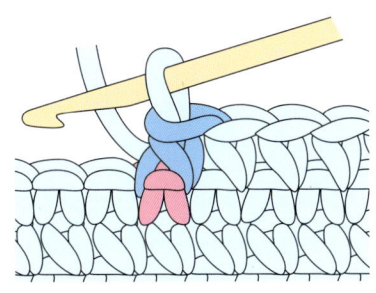

5 짧은뜨기 앞걸어뜨기를 떴습니다.

짧은뜨기 뒤걸어뜨기

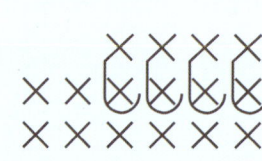

※ 편물의 안쪽을 보며 뜨는 단에서는 겉쪽에서 봤을 때   가 되도록   (짧은뜨기 앞걸어뜨기, P.107 참고)를 뜹니다.

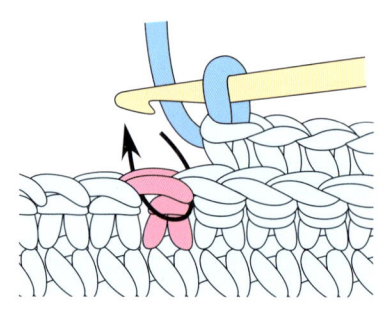

1 화살표처럼 앞단의 코의 다리를 줍듯이 편물의 뒤쪽에서 바늘을 넣습니다.

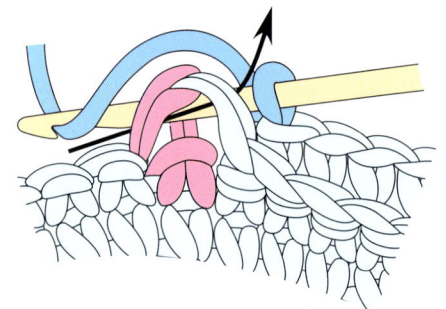

2 바늘에 실을 걸어 화살표 방향으로 끌어 냅니다.

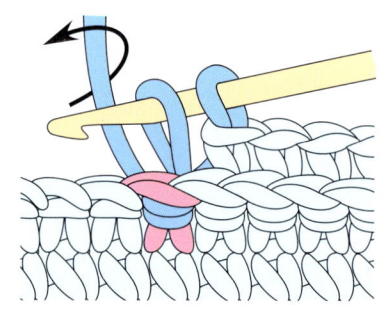

3 실을 끌어낸 모습입니다. 화살표처럼 바늘에 실을 겁니다.

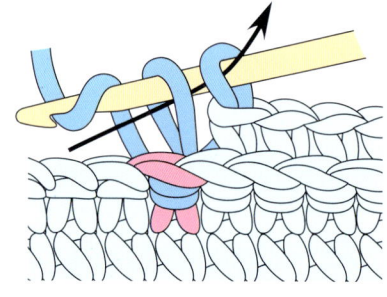

4 화살표 방향으로 모두 빼냅니다.

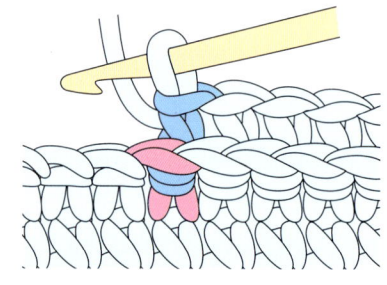

5 짧은뜨기 안걸어뜨기를 떴습니다.

긴뜨기 앞걸어뜨기

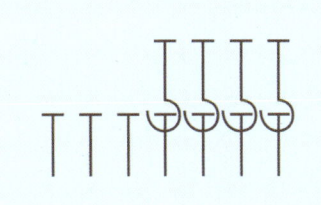

※편물의 안쪽을 보며 뜨는 단에서는 겉쪽에서 봤을 때 ⌡ 가 되도록 ⌡ (긴뜨기 뒤걸어뜨기, P.110 참고)를 뜹니다.

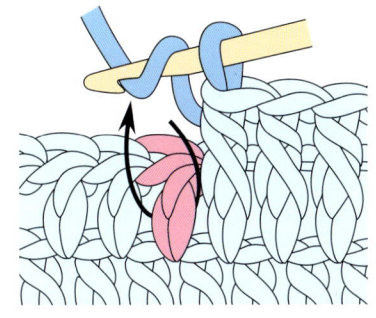

1 바늘에 실을 걸고 화살표처럼 앞단의 코의 다리를 줍듯이 편물의 앞쪽에서 바늘을 넣습니다.

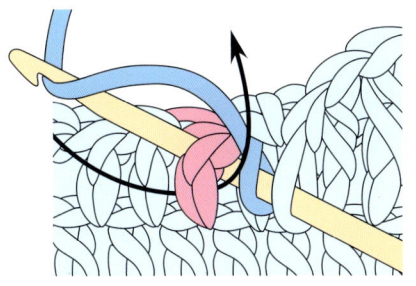

2 바늘에 실을 걸어 화살표 방향으로 끌어냅니다.

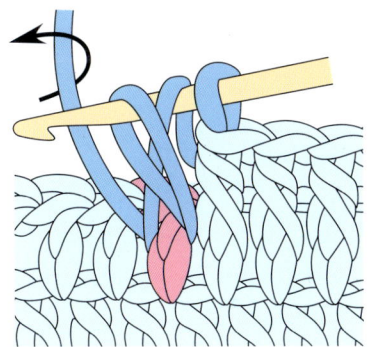

3 실을 끌어낸 모습입니다. 화살표처럼 바늘에 실을 겁니다.

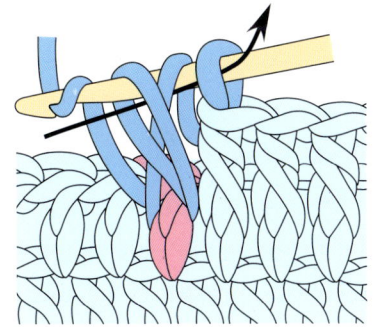

4 화살표 방향으로 모두 빼냅니다.

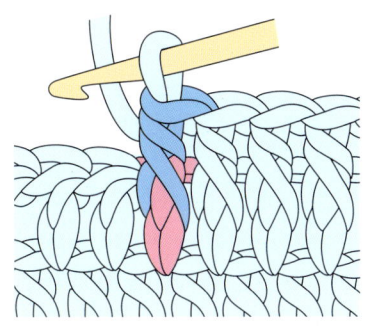

5 긴뜨기 앞걸어뜨기를 떴습니다.

긴뜨기 뒤걸어뜨기

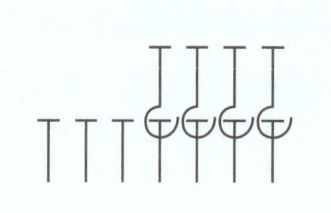

※편물의 안쪽을 보며 뜨는 단에서는 겉쪽에서 봤을 때 ⌡가 되도록 ⌡(긴뜨기 앞걸어뜨기, P.109 참고)를 뜹니다.

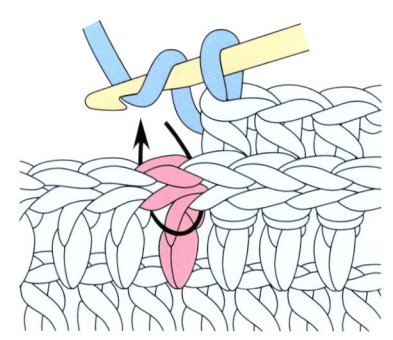

1 바늘에 실을 걸고 화살표처럼 앞단의 코의 다리를 줍듯이 뒤쪽에서 바늘을 넣습니다.

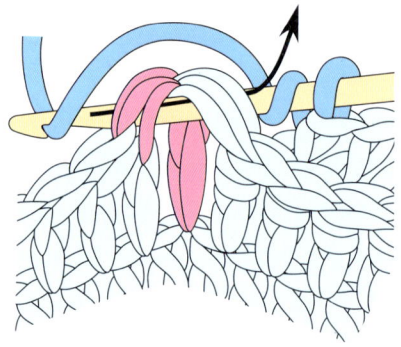

2 바늘에 실을 걸어 화살표 방향으로 끌어냅니다.

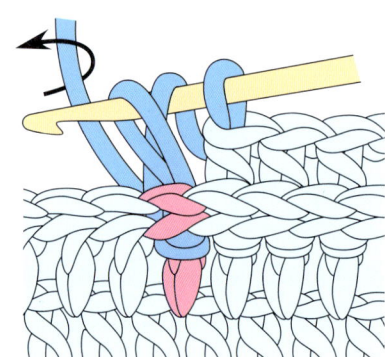

3 실을 끌어낸 모습입니다. 화살표처럼 바늘에 실을 겁니다.

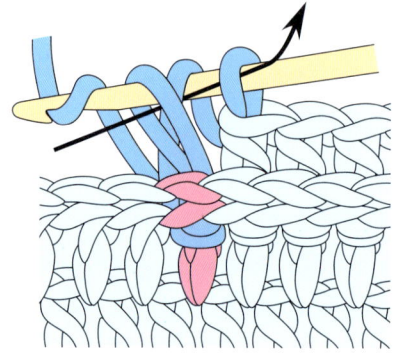

4 화살표 방향으로 모두 빼냅니다.

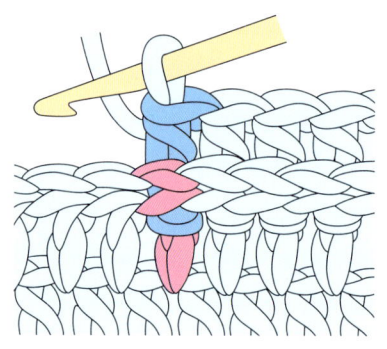

5 긴뜨기 뒤걸어뜨기를 떴습니다.

한길긴뜨기 앞걸어뜨기

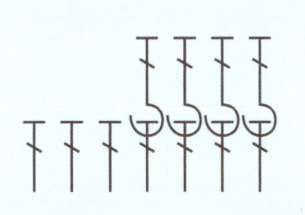

※편물의 안쪽을 보며 뜨는 단에서는 겉쪽에서 봤을 때 ⑤ 가 되도록 ⑤ (한길긴뜨기 뒤걸어뜨기, P.112 참고)를 뜹니다.

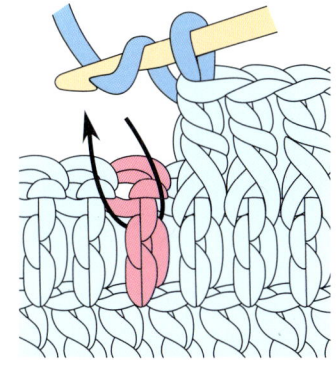

1 바늘에 실을 걸고 화살표처럼 앞단의 코의 다리를 줍듯이 편물의 앞쪽에서 바늘을 넣습니다.

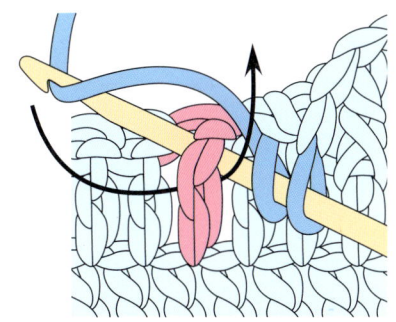

2 바늘에 실을 걸어 화살표 방향으로 끌어냅니다.

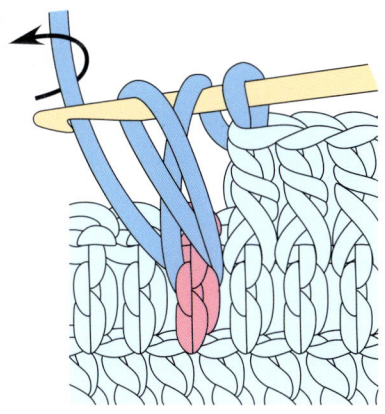

3 실을 끌어낸 모습입니다. 화살표처럼 바늘에 실을 겁니다.

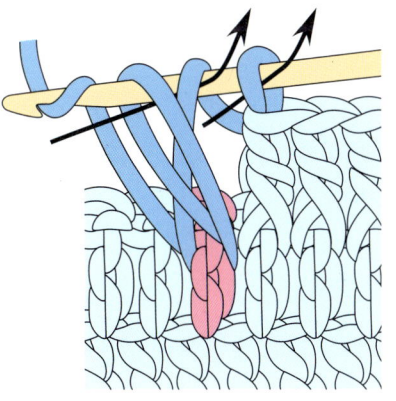

4 화살표 방향으로 2가닥씩 빼냅니다.

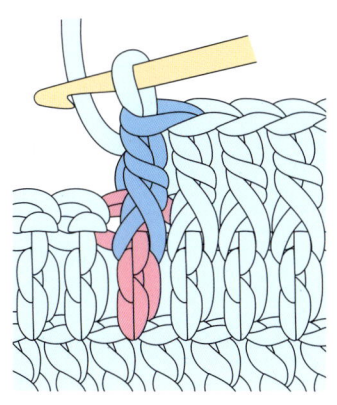

5 한길긴뜨기 앞걸어뜨기를 떴습니다.

한길긴뜨기 뒤걸어뜨기

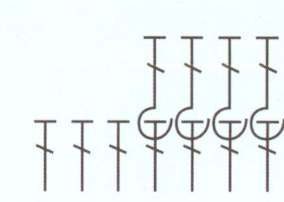

※편물의 안쪽을 보며 뜨는 단에서는 겉쪽에서 봤을 때 🙢가 되도록 🙢 (한길긴뜨기 앞걸어뜨기, P.111 참고)를 뜹니다.

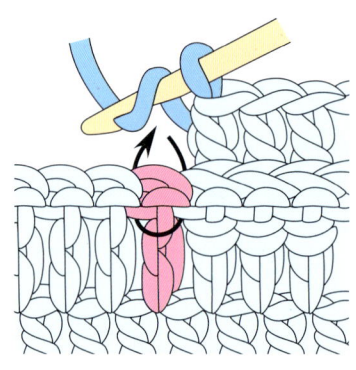

1 바늘에 실을 걸고 화살표처럼 앞단의 코의 다리를 줍듯이 편물의 뒤쪽에서 바늘을 넣습니다.

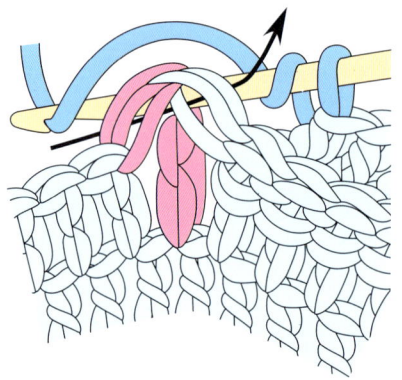

2 바늘에 실을 걸어 화살표 방향으로 끌어냅니다.

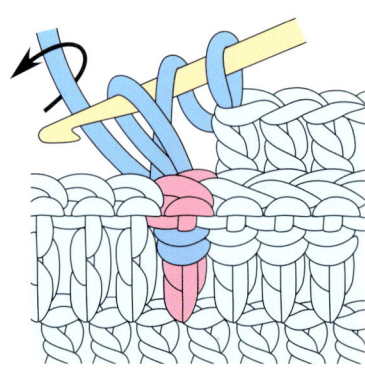

3 실을 끌어낸 모습입니다. 화살표처럼 바늘에 실을 겁니다.

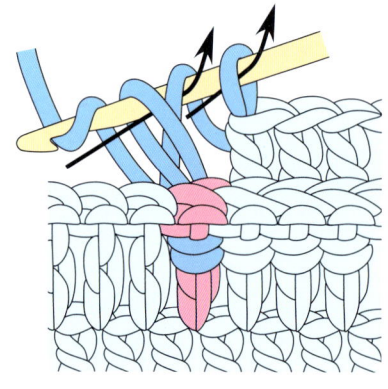

4 화살표 방향으로 2가닥씩 빼냅니다.

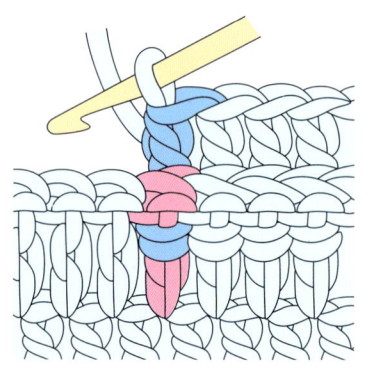

5 한길긴뜨기 뒤걸어뜨기를 떴습니다.

링뜨기

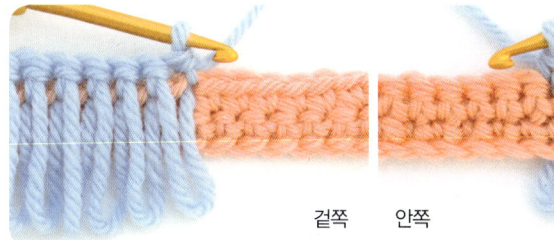

겉쪽 　안쪽

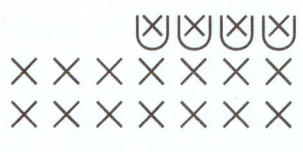

중지로 실을 내린다.

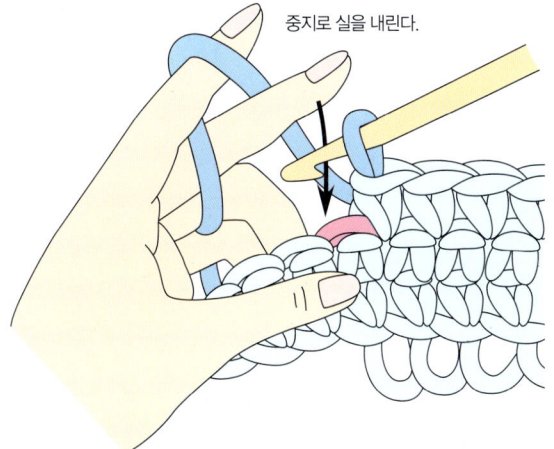

1 왼손 중지로 만들려는 고리의 길이만큼 실을 내려서 누릅니다.

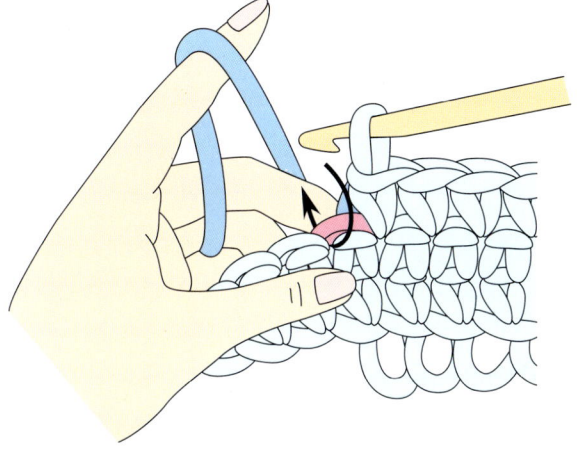

2 화살표처럼 바늘을 넣고 고리가 될 실을 누른 상태에서 짧은뜨기를 뜹니다.

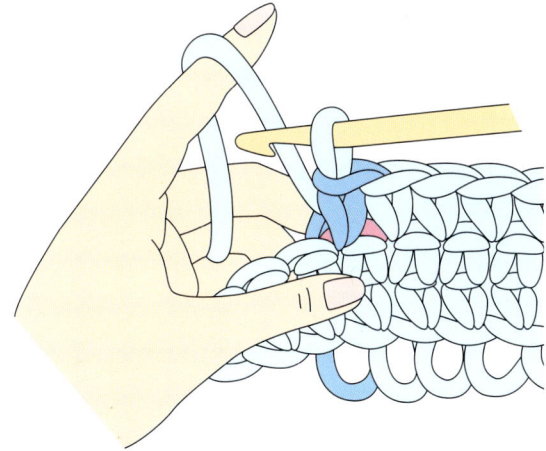

3 짧은뜨기를 뜨고 고리에서 중지를 빼내면 편물의 뒤쪽에 고리가 생깁니다.

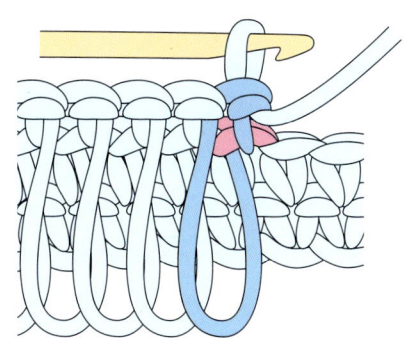

4 고리가 나와 있는 면을 편물의 겉쪽으로 합니다.

피코빼뜨기

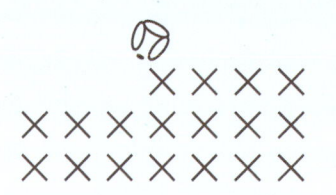

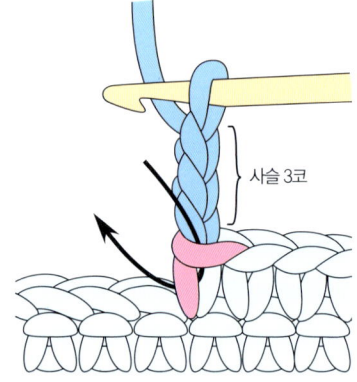

1 사슬뜨기를 3코 뜬 다음 짧은뜨기에 화살표처럼 바늘을 넣습니다.

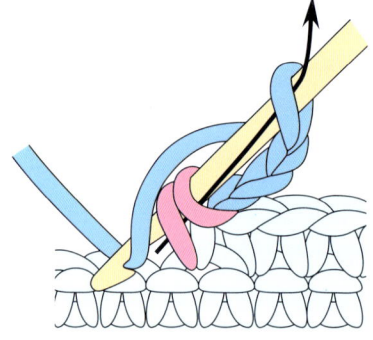

2 바늘에 실을 걸어 화살표 방향으로 모두 빼냅니다.

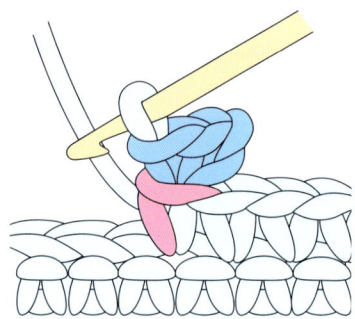

3 사슬 3코의 피코빼뜨기를 떴습니다.

Easy Crochet for Beginner!

처음 배우는 코바늘 손뜨개

초판 1쇄 발행 2012년 8월 30일
초판 10쇄 발행 2024년 8월 1일

지은이 부티크사
옮긴이 김수연
펴낸이 김영조
편집 김시연 | **디자인** 정지연 | **마케팅** 김민수, 조애리 | **제작** 김경묵 | **경영지원** 정은진
외주디자인 ALL design group
펴낸곳 싸이프레스 | **주소** 서울시 마포구 양화로7길 44, 3층
전화 (02)335-0385 | **팩스** (02)335-0397
이메일 cypressbook1@naver.com | **홈페이지** www.cypressbook.co.kr
블로그 blog.naver.com/cypressbook1 | **포스트** post.naver.com/cypressbook1
인스타그램 싸이프레스 @cypress_book | 싸이클 @cycle_book
출판등록 2009년 11월 3일 제2010-000105호

ISBN 978-89-97125-16-6   13590